新时代智库出版的领跑者

智庫 中社
国家智库报告 2022(4)
National Think Tank
国际问题研究

欧盟对非洲政策研究

赵雅婷 著

THE STUDY ON EUROPEAN UNION'S POLICY TOWARDS AFRICA

中国社会科学出版社

图书在版编目(CIP)数据

欧盟对非洲政策研究／赵雅婷著.—北京：中国社会科学出版社，2022.3
(国家智库报告)
ISBN 978－7－5203－9700－1

Ⅰ.①欧…　Ⅱ.①赵…　Ⅲ.①欧洲国家联盟—对外政策—研究
②国际关系—研究—欧洲、非洲　Ⅳ.①D850.0②D840.2

中国版本图书馆CIP数据核字(2022)第022908号

出 版 人　赵剑英
项目统筹　王　茵　喻　苗
责任编辑　张冰洁　侯聪睿
责任校对　赵雪姣
责任印制　李寡寡

出　　版　中国社会科学出版社
社　　址　北京鼓楼西大街甲158号
邮　　编　100720
网　　址　http://www.csspw.cn
发 行 部　010－84083685
门 市 部　010－84029450
经　　销　新华书店及其他书店

印刷装订　北京君升印刷有限公司
版　　次　2022年3月第1版
印　　次　2022年3月第1次印刷

开　　本　787×1092　1/16
印　　张　13
插　　页　2
字　　数　115千字
定　　价　75.00元

摘要：作为超国家行为体，欧盟成立后便开始追求国际政治地位及与之经济实力相匹配的国际影响力，因而确定了“规范性力量”的自身定位。非洲作为欧洲的传统“势力范围”，亦成为欧盟外交重点关注的地区之一。2000 年欧盟与非加太国家集团签署了《科托努协定》，这不仅标志着欧盟对非援助政治导向的定型，更为欧盟同非洲开启全面伙伴关系奠定了基础。2005 年，欧盟发布了第一份对非战略文件，并在 2007 年第二届欧非峰会上确定了《欧非联合战略》。自此，欧盟同非洲的关系从单纯的援助和贸易关系，扩展为全面伙伴关系。尤其在安全和移民等领域，欧盟对非洲事务的参与增多。与此同时，欧盟对非洲长期实行的规范性外交初见成效，对非洲产生了较为深刻的制度性影响。百年未有之大变局下，欧盟开始追求战略自主，并在 2020 年发布对非新战略。受新冠肺炎疫情影响，非洲在欧盟对外关系中的地位持续提升。为此，建立更加稳固的“大陆对大陆”间关系、改善“援助—受援”模式、推进新兴领域的双边合作将是欧盟与非洲关系未来发展的主要方向。

关键词：欧非关系；规范性影响；战略自主；中欧非三方合作

Abstract: As a supranational actor, after the establishment of the European Union, it began to pursue international political status and international influence that matched its economic strength, thus determining itself as a "normative power". Africa, as Europe's traditional "sphere of influence", has also become one of the key regions of the EU's diplomacy. In 2000, the EU and the ACP Group signed the Cotonou Agreement, which not only marked the finalization of the EU's political orientation in ODA to Africa, but also laid the foundation for the EU to start a comprehensive partnership with Africa. In 2005, the European Union issued its first strategic document on Africa and confirmed the JEAS at the second EU-Africa Summit in 2007. Since then, the relationship between the EU and Africa has expanded from a mere aid and trade relationship to a comprehensive partnership. Especially in areas such as security and immigration, the EU has increased its involvement in African affairs. At the same time, the EU's long-term normative diplomacy in Africa has achieved initial results, and it has had a relatively profound institutional impact on Africa. The world is experiencing profound shifts unseen in a century, the EU has begun to pursue strategic autonomy and unveiled a new strategy for Africa in 2020. Affected by the COVID-19 pandemic, Africa's position in the EU's foreign relations continues to rise. For this reason, establishing a more stable "continent to continent" relationship, improving the "aid-receiving" model, and advancing bilateral cooperation in emerging areas will be the main directions for the future development of EU-Africa relations.

Key words: EU-Africa relations; Normative influence; Strategic autonomy; China-EU-Africa trilateral cooperation

目　录

一　欧盟对非洲政策的沿革与特点

欧盟的前身是第二次世界大战后为缓解法德矛盾，实现欧洲“永久和平”而成立的欧洲共同体（European Community）。在欧共体时期，其通过“联系制度”建立起与非洲国家的联系，并通过官方发展援助维系双边关系。也是在这一时期，非洲掀起轰轰烈烈的民族解放运动，纷纷脱离宗主国的控制，建立独立主权国家。欧非关系发生巨大转变，此时欧共体对非洲采取的政策为此后双边关系的发展奠定了基础。为更加全面和细致地了解欧盟对非政策的历史沿革，本报告将欧共体时期的对非政策纳入论述范围。

根据欧非双方关系的变化与调整，欧盟对非洲政策大致可以分为三个历史阶段。第一个阶段自欧共体成立到冷战结束，该阶段是欧共体对非政策及第二次世界大战后全新欧非关系的形成时期。由于此时欧共体的主要活动局限于经济领域，对非政策以发展援助政策为主导。第二个阶段是冷战结束、欧盟成立到2007年《欧非联合战略》的出台。这一时期的国际环境与欧非双方均发生重大变化，欧盟对非政策开始附加政治条件，政治导向凸显。该阶段也可视作欧非关系的变动与调试期。第三个阶段是2007年《欧非联合战略》出台及《里斯本条约》签署后至今，该阶段欧盟与非盟的区域一体化均有长足进展，双方关系进入稳定与深化期。以上历史沿革的背后是欧盟一体化的不断深入和欧盟机构话语权的不断提升。

（一）冷战时期欧共体的非洲政策

第二次世界大战结束后，伴随对历史的反思以及欧洲统一思想的传播，欧洲共同体成立，开启了欧洲一体化进程，并且作为独立的国际行为体登上世界舞台。欧共体的主要成员国为保持对殖民地的影响力并维护其经济利益，与前殖民地国家尤其是非洲建立了联系制度。这一历史阶段，欧共体的非洲政策集中在对外援助领域，并通过多个援助协定巩固了对非洲的影响。

1. 欧共体对非洲援助的背景

第二次世界大战结束后，美苏冷战随即拉开序幕。

美国为保持同西欧的传统联系并与苏联对抗，开启了“欧洲复兴计划”，为受到战争重创的西欧国家提供援助。马歇尔计划是第一个国际发展援助计划。经过十年的发展，西欧国家的国内经济快速恢复，开始将目光转向海外——援助非洲。欧共体的这一决定主要基于三个考虑。

第一，非洲与西欧国家深厚的历史联系。近代航海大发现开启了欧非两个大陆之间的联系。1450 年至 1850 年的 400 年中，西方世界对非洲进行了惨绝人寰的殖民与奴隶贸易。对欧洲来说，和非洲的贸易始终是有利可图的，也把欧洲引进了新的、更有创造性的社会和政府形式；但对非洲人来说，这种关系却不能完成这时所需要的社会和经济变革，相反地，它使所有它接触过的社会走向了经济或政治的挫败。① 在这个过程中，欧洲完成了传统的资本积累和第一次工业革命。奴隶贸易废止后，第二次工业革命兴起，资本主义从原始积累转向资本输出阶段，殖民主义快速发展，掀起了瓜分世界的狂潮，非洲也不能幸免。经过奴隶贸易和殖民掠夺，欧非两个大陆以一种极为不平等的关系联系到了一起。

第二，西欧国家维持“宗主国”对非洲的控制以

① ［英］巴兹尔·戴维逊：《黑母亲——买卖非洲奴隶的年代》，何瑞丰译，生活·读书·新知三联书店 1965 年版，第 239 页。

及经济长期发展的需要。宗主国在理念和实践中对殖民地的长期控制固化了欧洲国家的意识，认为非洲是欧洲固有的“后院”，欧洲必须参与非洲的各项事务，有义务“帮助”非洲发展。第二次世界大战后，全球殖民体系迅速瓦解。非洲国家取得民族解放运动的胜利，纷纷建立独立主权国家。但由于受到长期殖民的影响，非洲国家统治者在发展经济、管理国家方面均缺乏经验，整个大陆依然积贫积弱。欧洲的前宗主国亦无法摆脱固有思维，仍首选以殖民宗主国式作风处理对非关系。此外，维持资本主义经济持续增长是西欧国家继续控制非洲的另一个重要因素。从一定意义上说，使殖民地脱离宗主国独立，可以获得更大的消费市场。欧洲虽然不再对非洲国家实行直接统治，但其将获得更大的经济利益。

第三，与苏东共产主义抗衡，扩大西方世界的势力范围。第二次世界大战后，西欧由于战争破坏，经济受到重创，与此同时，英美认为冷战的铁幕已经降下，欧洲成为美国与苏联两种意识形态对抗的主要“战场”。马歇尔计划应运而生，美国对西欧国家投入了大量的援助，帮助其进行战后重建，以此抵御共产主义的蔓延。西欧国家作为老牌资本主义国家，自然认同资本主义的意识形态，成为资本主义阵营的中坚力量。在非洲也成为美苏双方角力的场所后，西欧加入进来，利用其与前殖民地的关系，争取更多的非洲国家实行资本主义，建立西方民主制度，加入资本主义阵营，对抗共产主义。争取非洲大陆最好的办法在于利用历史联系提供大量资金援助，获得非洲国家的支持，最后扩大西方世界的势力范围。

正是基于历史联系、经济发展以及对抗苏联这三个层面的考量，西欧国家决定对非洲提供发展援助。欧共体的成立将西欧六国聚合在一起，提供了更加广阔的国际平台，受援国家将涵盖六国在非洲所有的前殖民地，影响范围大大增强。

2. 冷战时期欧共体对非洲援助的过程

在冷战时期，欧共体对非援助范围、深度以及广度经历了不断发展完善的过程。《罗马条约》、两个《雅温得协定》以及前三个《洛美协定》奠定了这一时期欧共体对非援助的法律基础。欧共体国家在这些条约的政策指导下，开始了对非援助的历史进程。

(1)《罗马条约》的签订及其内容

1957 年签订的《罗马条约》开启了欧共体对非洲发展援助的进程。1957 年签订的《欧洲经济共同体条约》的第四部分《海外国家和领地与共同体的联系》明确了欧共体建立联系制度，开展援助的目的是“促进国家和领地的经济和社会发展，并建立国家和领地与整个共同体之间的紧密的经济关系”①。在该条约的附件中，专门附加了《关于海外国家和领地与共同体联系的实施专约》。该条约对共同体给予联系国的待遇进行了明确规定，包括进行贸易投资，适用对等互惠原则，逐步取消关税和限额。为进行有效的发展援助，欧共体专门设立了总额为5.81亿美元的“海外国家和领地开发基金（Overseas Countries and Territories Development Fund）”，并在附件中规定该基金要求向以下项目提供资金：（1）某些社会组织，特别是医院、学校或技术研究中心以及居民职业活动的指导和培训机构；（2）与执行一项具体的生产性发展计划有直接联系的反映整体利益的经济投资。② 此外，《罗马条约》还明确规定这一计划为期五年，理事会需于1962年年底前制订下一阶段的实施计划。

作为欧共体发展援助重要文件的《罗马条约》维护了欧洲宗主国与非洲殖民地的关系，表现在：其一，“联系国制度”仍然体现了宗主国对殖民地的控制。该制度从本质上而言是西欧国家为维持殖民关系而设

① European Economic Community, “Treaty Establishing the European Economic Community and Related Instruments (EEC Treaty)”, EUROPA, http://eur-lex.europa.eu/legal-content/EN/TXT/?uri=CELEX:11957E, 2020-11-1.

② 欧共体官方出版局编：《欧洲联盟法典》（第一卷），苏明忠译，国际文化出版公司2005年版，第310页。

立的。被纳入联系制度的国家基本都是还未获得独立的非洲国家[①]，大部分都集中在撒哈拉以南非洲。根据该制度提供的对外援助实质是以受援国和援助国的新角色定位替代和延续了之前宗主国和殖民地的传统关系。[②] 其二，条约内容的不平等性，其目的在于满足欧洲国家的经济需要。作为殖民地的非洲国家，其经济已被欧洲殖民者所左右。在农业方面，殖民地国家主要生产香蕉、可可等热带农作物，以满足西欧国家的需求。在工业方面，欧洲需要非洲大量的矿产资源，因此援助修建的基础设施多用于运输矿产，等等。总而言之，《罗马条约》中所谓的“对等互惠原则”只不过是保证欧洲成为非洲这些联系国最重要的产品市场，加深非洲对欧共体的依赖。

（2）《雅温得协定》的签订及其内容

两个《雅温得协定》和《阿鲁沙协定》是欧共体援非政策的第一次调整。1963 年 7 月 20 日，欧共体六国同非洲新独立的 18 个主权国家在雅温得签订了全新的《雅温得协定》。《雅温得协定》是欧共体同非洲国家签订的第一个独立的发展援助协定。《雅温得协定》

---

① 马里、尼日尔、象牙海岸（科特迪瓦）、塞内加尔、达荷美（贝宁前身）、毛里塔尼亚、刚果、卢旺达、布隆迪、索马里、多哥、喀麦隆、乍得、加蓬、乌班吉—沙里和上沃尔特（布基纳法索前身）。

② Roger C. Riddell, *Foreign Aid Reconsidered*, London: James Currey, 1987, p. 131.

由贸易、金融与技术援助，建立设施、服务、支付和资金的权利，联系机构的设立以及一般及最终条款五部分组成。[①] 该协定除了延续《罗马条约》的对等互惠原则外，还允许共同体在进行资本输出时可将获得的利润收入自由汇回本国，同时该协定还对联系国的对外贸易政策进行限制，即联系国制定与改变其对外贸易政策前需与欧共体进行协商。

相较于《罗马条约》，《雅温得协定》规定了获得独立的非洲国家主权平等、权利对等以及联系国拥有相应自主权，但是仍保留了前宗主国的一些特权。两者主要的不同在于《罗马条约》中涉及对非援助部分仅是其中的第四部分以及之后的条约附件，而《雅温得协定》是欧共体同非洲国家签订的第一个独立的发展援助协定。另外，《雅温得协定》规定，欧非双方将建立协会理事会，由欧共体国家和联系国共同组成，同时建立议会和仲裁法庭。机构的完善能够保障贸易与援助更顺利地进行。在该协定实施期间，欧共体将给予联系国主要出口产品多达 7.3 亿美元的援助。

1969 年 7 月 29 日，第二个《雅温得协定》签订。

---

① European Economic Community, "Convention of Association between the European Economic Community and the African and Malagasy States associated with that Community and Annexed Documents (Yaounde Convention I)", https://www.cvce.eu/en/obj/the_yaounde_convention_20_july_1963-en-52d35693-845a-49ae-b6f9-ddbc48276546.html, 2019-12-3.

该协定相较于第一个《雅温得协定》变化并不大，但总条款扩充为十条，进一步完善了对非援助机构以及制度，附录中新增了仲裁法院身份定位、特殊情况和豁免以及相关机构的经费运行[①]三项具体条款。该协定至1974年到期。1972年，毛里求斯共和国加入《雅温得协定》。此外，为扩大欧共体对非援助的范围，1969年，欧共体同东非三国——肯尼亚、乌干达和坦桑尼亚通过《阿鲁沙协定》开始了国家间的贸易合作往来。

《雅温得协定》实施的十年中，欧共体对非援助在机构设置、制度化、援助范围与国家数量以及金额总量方面不断提升和扩大。这一时期，非洲民族解放运动蓬勃发展，欧共体开始以联系国取代联系制度，并在其政策文件中第一次明确承认了非洲联系国作为独立主权国家的政治地位，这具有重大意义。此外，联盟理事会、议会与仲裁法院等机构的设立为双方的权利提供了制度保证。但仍应看到，这三个协定是之前殖民剥削的延续，规则仍由欧共体国家决定，非洲国家依然作为联系国与欧共体开展贸易并获得援助，没有主动权与发言权。

---

① European Economic Community, "Convention of Association between the European Economic Community and the African and Malagasy States Associated with that Community and Annexed Documents (Yaounde Convention Ⅱ)", http://www.acp.int/node/150, 2019-11-20.

（3）《洛美协定》的签订及其内容

1975年2月28日，非洲、加勒比海和太平洋地区46个发展中国家（简称非加太地区国家，其中非洲国家37个）和欧洲经济共同体9国在多哥首都洛美开会，签订贸易和经济协定，全称为《欧洲经济共同体——非洲、加勒比和太平洋地区（国家）洛美协定》（以下简称《洛美协定》）。《洛美协定》的签署标志着欧共体发展援助政策有了新进展。在该协定签订之前，欧共体自身与国际局势均发生了一些变化。首先，在1973年随着英国、爱尔兰和丹麦的加入，欧共体迎来了第一次扩大。受援对象范围随之扩大，欧共体需要更加详尽和机制化的援助方案。其次，1970年《联合国第二个发展十年国际发展战略》决议提出了发展援助最重要的标准，即发达国家对发展中国家提供的官方发展援助（ODA）净交付额应占其国民总收入（GNI）的0.7%①，并提出发达国家给予的资金与技术援助应该以促进发展中国家经济与社会进步为目的，不得侵害受援国的主权。该发展战略给欧共体的发展援助政策提出了新要求。再次，20世纪70年代全球反殖民化运动达到高潮，大量获得独立的发展中

① 联合国大会：《联合国第二个发展十年国际发展战略》，联合国网站，https：//undocs. org/zh/A/RES/2626% 20% 28XXV% 29，2019－12－2。

国家团结起来，通过 77 国集团和不结盟运动积极作为，希望以集体力量建立国际政治经济新秩序，改变受制于发达国家的弱势地位。在这样的内外情势下，第二个《雅温得协定》到期后，欧共体与以非洲为主的发展中国家签署了《洛美协定》，该协定经过三次续签与一次修订，成为冷战时期欧共体最重要的发展援助政策文件，也为欧共体对非援助奠定了法律基础。

第二个《洛美协定》于 1979 年 10 月 31 日在多哥续签，1980 年 4 月起生效。参加签署该协定的非加太地区国家增至 57 个（欧共体 9 个，新加入的希腊当时还未成为正式会员）。第三个《洛美协定》于 1984 年 12 月 8 日在多哥续签，1986 年 5 月 1 日起生效，参加签署该协定的非加太地区国家增至 65 个，其中非洲国家有 43 个。《洛美协定》虽是欧共体对广大发展中国家整体的发展援助政策，但非洲国家在其中占大多数，因此也可将《洛美协定》视为欧盟对非援助的官方政策文件。

1975 年第一个《洛美协定》签署的目标是推动共同体国家与非加太国家进行贸易合作、产业合作以及财政和技术合作，从而帮助缔约的非加太国家发展经济、消除贫困。这一目标在此后的《洛美协定》中均有体现，但每次协定的内容均发生较大变化，表现在：其一，对等互惠原则更改为向非加太国家给予单方面贸易优惠，即保障非加太缔约国家绝大部分农产品和全部工业制成品出口至欧共体减免关税并取消出口限额。其二，历次《洛美协定》中均有新机制的建立。比如，第一个《洛美协定》中设立“稳定出口收入制”（Stabex），对非加太国家的某些农产品在跌价时进行补贴，保证其不受价格波动或者产量不足等因素的干扰。1979年第二个《洛美协定》建立了“矿产品特别基金”，针对主要依靠出口矿产品的非加太国家进行财政援助，保护其在变化的国际市场中免遭过大损失。1984年第三个《洛美协定》开始强调社会文化合作以及私人投资的重要性。其三，之前的“海外国家和领地开发基金”（Overseas Countries and Territories Development Fund）正式升级为“欧洲发展基金”（European Development Fund），在前三个《洛美协定》中分别向非加太国家提供33.9亿、57亿和85亿欧洲计算单位的发展援助。时至今日，欧洲发展基金依然是欧盟进行对非援助最重要的资金来源。

除了内容变化，《洛美协定》的签署也伴随着欧共体对援助制度与机构的调整。第一个《洛美协定》第六部分规定了机构设置，主要机构包括部长理事会（Council of Ministers）、大使委员会（Committee of Ambassadors）和咨询大会（Consultative Assembly）。部长理事会由欧共体成员国和非加太成员国各派代表组成，主席由双方轮值。部长理事会负责确定具体工作，对

《洛美协定》的实施情况进行监督，并在认为有需要的时候召开会议。大使委员会主要负责协助部长理事会开展工作，定期提供报告和建议。咨询大会则是一个监督和提供政策性建议的部门，部长理事会需要每年向其提供专门报告。[①] 之后的《洛美协定》中一直保持这样的机构设置，各部门在职能上不断完善和扩展。

冷战时期的三个《洛美协定》为后来欧盟的对非援助奠定了重要的理论与现实基础。在理论上，《洛美协定》第一次强调欧共体成员国与非加太国家之间是平等的，欧共体尊重非加太国家的主权和独立自主，双方签订协议是为了获得共同利益。《洛美协定》以契约的形式确定了欧共体对非的贸易与援助，双方的权利和义务受到条约的规定和保护。在现实层面上，《洛美协定》确立了欧共体乃至后来欧盟对非援助资金来源的分配，即欧洲发展基金承担大部分的金额，由共同体成员国分摊，另外的部分援助由欧洲投资银行（European Investment Bank）承担。同时，《洛美协定》中机构的设置以及援助的具体方式确定了后来欧盟对非援助的形式。

在《洛美协定》的议定过程中，广大非加太国家也表现出团结一致，对欧共体提出要求和建议，取得

① European Economic Community, “ACP-EEC Convention of Lome”, http://www.epg.acp.int/fileadmin/user_upload/LOME_I.pdf, 2020-1-2.

了些许积极成果。例如，通过非互惠原则，扩大了对外贸易；通过“稳定出口收入制度”和“矿产品特别基金”，非加太国家减少了出口收入的损失；通过欧共体给予的发展基金资助，部分地改善了非加太国家工农业落后状况。[①] 然而，非加太国家依然处于劣势，双方并没有实现事实上的平等，欧共体依然是主要获益方。首先，虽然欧共体在《洛美协定》中提供的援助数额不断提高，但非加太国家数量不断增长，分配到各国的实际金额并没有大幅增长。其次，《洛美协定》设立的“稳定出口收入制度”和“矿产品特别基金”在一定程度上保护了非加太国家的利益，却限制了这些国家的发展。多年来，非加太国家的产业结构并没有改进，多国一直依赖出口某种初级产品换取外汇。而欧共体因此保障了原料的供应产地和产量。再次，欧共体通过与非加太国家订立条约，维护了其在非洲的传统影响力，实现了欧共体对非援助的初衷。

另外值得注意的是，《洛美协定》使欧非双方关系愈加密切，欧共体不满足于仅发展经济联系，开始关注受援国的政治问题。在签订第三个《洛美协定》的谈判过程中，欧共体试图就非加太国家的经济发展政策问题进行对话，变相干涉受援国内政，最后在非加

① 王玉萍：《关于〈洛美协定〉的再思考》，《生产力研究》2006年第11期。

太国家的反对下，条约将有关内容表述为“双方定期磋商将有助于援款的有效使用”①。最为重要的一点是，在第三个《洛美协定》的序言中首次出现欧共体对人权问题的表述：“协定重申坚持联合国宪章及其基本人权信念，尊重人的尊严和价值，无论男女还是大小国家都拥有平等的权利。”② 对人权的首次提及为欧共体此后对非援助政策的调整埋下了伏笔。

总而言之，冷战时期，欧共体对非援助主要通过“贸易—援助”的形式开展，发展援助是经济领域的议题。从 1957 年到 1989 年 30 多年中，欧共体与非加太国家建立了密切的经济关系，通过“贸易—援助”获得了经济与政治双重好处。发展援助理念也经历了唯经济增长论到社会发展观的转变，但欧共体的对非援助也在多年发展中暴露出种种问题，需要新的援助理念与政策取而代之。

（二）冷战结束后欧盟对非洲政策的重大转变

1989 年欧共体在第四个《洛美协定》中加入了保

① 原牧：《第三个〈洛美协定〉剖析》，《世界经济》1985 年第 11 期。

② ACP-EEC Council of Ministers, *The Third ACP-EEC Convention*, Luxembourg: Office for Official Publications of the European Communities, 1985, p. 17.

护人权、推进民主和法治等全新要素，开启了对非援助政策的全面转变，政治导向性愈加明显。这一变化有着深刻的理论和现实背景。

1. 欧盟对非政策调整的理论和现实背景

新制度主义和可持续发展观的提出是政策调整的理论背景。20 世纪 80 年代后期，新制度主义兴起，该理论从政治的角度观察发展援助，试图解释援助低效的原因。奥尔森（Mancur Lloyd Olson）在研究了大量富国和穷国后指出："国家间人均收入的巨大差距不能用获取世界知识存量或者进入国际资本市场的能力差距来解释，也不能归因于可出售的人力资本或个人文化的品质差异，唯一剩下的合理解释就是其制度和经济政策有高低之分了。"① 新制度主义认为受援国接受大量援助却没有获得发展的核心原因，并不是资本、劳动和技术等相关生产要素的缺乏，而是缺乏合理的能够有效配置资源的制度结构。完善的规章制度和组织架构能够有效地规避由于市场信息不对称带来的风险。因为制度能够有效降低交易成本、为合作创造条件、为个人选择提供激励机制，并建立排他性的产权制度，将外部性内部化。在一定程度上，新制度主义

① 卢现祥、朱巧玲主编：《新制度经济学》，北京大学出版社 2007 年版，第 497 页。

助推了“华盛顿共识”的提出，二者共同要求受援国改革经济制度，遵循市场导向。同时新制度主义鼓励通过增加社会资本减缓贫困以及运用激励机制减少腐败，这些都要求公民社会的发展。发展经济学的受挫和制度经济学的兴盛加速了欧共体对非援助的调整，并为推崇人权、民主和良治的援助政策奠定了理论基础。

此外，联合国主导的发展观的变化是影响欧共体的第二个理论背景。1980 年出台的《联合国第三个发展十年国际发展战略》的主要目标是促进发展中国家经济和社会的发展，以及消灭贫穷和依赖。该战略还专门提出：“发展过程必须提高人的尊严。发展的最终目的是在全人类充分参与发展过程和公平分配从而得来的利益的基础上不断地增进他们的福利。”① 在联合国的倡导下，人的价值被不断强调和提出，以人为核心的发展观得到更多的关注，该发展观认为社会发展的核心目标是人的发展。发展有三个核心，即价值、生存维持、自由和尊严。② 综合新制度主义以及以人为中心的发展观的理念，欧盟逐渐提出保护人权、建立

① 联合国：《联合国第三个发展十年国际发展战略》，联合国网站，http：//www. un. org/zh/documents/view _ doc. asp? symbol = A/RES/35/56。

② 童星：《发展社会学与中国现代化》，社会科学文献出版社 2000 年版，第 196 页。

民主制度、推崇良好治理的援助政策。

在现实方面，欧洲联盟的成立与一体化的不断迈进为其政策调整确定了法律基础和目标。《马斯特里赫特条约》的签订标志着欧洲联盟正式成立。迈向政治一体化后，欧盟将根据自身需求调整发展援助政策。1991 年 12 月 1 日，欧共体首脑会议通过了建立欧洲经济货币联盟和欧洲政治联盟的《欧洲联盟条约》（Treaty on European Union，TEU），1992 年 2 月 7 日该条约在荷兰马斯特里赫特签署，因此也被称为《马斯特里赫特条约》（Treaty of Maastricht，简称“马约”）。1993 年 1 月 1 日，马约生效后，欧共体正式升级为欧盟。欧盟由三大支柱组成，分别是第一支柱欧洲共同体、第二支柱“共同外交与安全政策”和第三支柱“刑事领域警务与司法合作”。虽然第一支柱仍为“欧共体”，但与欧盟成立之前的“欧共体（European Community）”相比已截然不同。此时的欧共体是一个超国家机构，负责代表欧盟制定和实施整体的社会、经济以及环境政策。发展合作被划归为欧盟第一大支柱“欧共体”的管辖范围，标志着欧盟成为独立的援助方。援助理念也将随欧盟的需求进行调整，对非援助的政策和实施将更加统一。在马约第 130 条 U 条款中，欧盟对发展合作的目标明确表述为：“（1）促进发展中国家，尤其条件最差的发展中国家的持续的经济和社会发展；（2）促进发展中国家平稳地和逐步地同世界经济相结合；

(3) 促进同发展中国家的贫困作斗争。”[①] 此三点明确了关注社会发展、促进全球经济一体化和减贫三个目标。另外，为了促进欧盟发展援助的顺利实施并与各成员国独立的援助政策相协调，欧盟提出了著名的“3C 原则”，即协调性（coordination）、互补性（complementarity）和一致性（coherence）。其中一致性原则要求发展援助政策与欧盟其他相关政策保持一致。在马约的共同外交与安全政策部分，欧盟规定其目标有一项为“发展和巩固民主与法治，尊重人权与基本自由”。

1997 年《阿姆斯特丹条约》（Amsterdam Treaty）签署，在发展援助政策方面，加入了连贯性（consistency）原则。在发展援助政策的制定中增加了欧洲议会的权力，以共同决策取代合法法律程序。随着欧盟政治一体化的持续深入，欧盟委员会（European Commission）和欧洲议会（European Parliament）被赋予更多权利，超国家性增强。在政治导向的内容方面，该条约中要求加入欧盟的成员国除了尊重人权、民主、自由和法治原则之外，还必须有民主政治体制，如若该国有侵犯人权、践踏民主的行为，欧盟将对其进行一定制裁。

20 世纪 80 年代末与 90 年代欧共体的变化与出台的官方文件，使其对自身发展援助机制进行了调整。将人权、

① 欧共体官方出版局编：《欧洲联盟法典》（第二卷），苏明忠译，国际文化出版公司 2005 年版，第 61 页。

民主和法治确立为欧盟的共同价值观念，为其在对外协定中加入以上内容，调整对非援助提供了坚实的制度基础。

2. 第四个《洛美协定》：人权被突出强调

第四个《洛美协定》于1989年12月15日在多哥首都洛美续签，其中缔约的非洲国家为46个。本条约第一部分一般性条款第五条提到：

> （1）发展合作的核心应该是人，它是发展的参与者和受益者，因此应全方位尊重和促进人权。尊重人权是发展的基本因素，因此合作需要以保护和发展人权为目的。（2）缔约的各方都重点重申了其对人类尊严和人权的重视，这些权利包括：不受歧视，基本生存权，政治、经济、社会与文化权利。非加太国家同欧共体的合作需要消除阻碍人们实现其各方权利的障碍。缔约国应该积极行动，遵守国际法，改善人权状况。（3）欧共体的援助资金将根据具体的计划进行分配，最终实现保护人权的目的。欧共体还将支持促进人权的基础设施建设，并优先在地区层面设立计划。①

① ACP-EEC Council of Ministers, *Fourth AC-EEC Convention*, Luxembourg: Office for Official Publications of the European Communities, 1992, pp. 17 – 18.

一般性条款第五条将尊重与保护人权郑重提出，标志着欧盟对非援助开始转向，也为第四个《洛美协定》的发展合作奠定了基调。

为配合一般性条款确定的核心思想，在第二章“条约在主要合作领域的目标与指导”中，第一个目标明确指出：“合作的目的在于支持非加太国家的发展，这个过程应该以人为核心并根植于当地人们的文化。提出的政策与措施应加强这些国家的人力资源建设，培养创造能力并促进文化认同。发展合作还应鼓励当地人民参与设计与执行具体的发展行动。”[①] 在第二部分中，对应以上目标，协定中指明了加强人力资源建设和增进文化认同的具体措施，这一部分侧重对非加太国家教育事业的关注，希望通过发展教育提高人的素质。此外，第四个《洛美协定》第五个附件为关于协定第五条人权的联合宣言，指出相关缔约方均强调他们将在减少侵犯人权和尊重人类尊严方面进行更有效的行动。

除了对人权的突出强调，第四个《洛美协定》中指出，欧共体开始与国际货币基金组织和世界银行协调合作，援助资金还将用于非加太国家的经济结构调

① ACP-EEC Council of Ministers, *Fourth AC-EEC Convention*, Luxembourg: Office for Official Publications of the European Communities, 1992, p. 19.

整，对那些接受西方提出的结构调整计划的国家施以援手。

根据第四个《洛美协定》的实际条款，欧盟不仅支持世界银行和国际货币基金组织调整发展中国家经济结构的计划，而且人权的重要性被突出强调，成为欧共体成员国与非加太国家的共识，尊重和保护人权成为欧盟对非发展援助的重要目标。发展合作的具体内容也从经济贸易领域扩展到政治、社会和文化层面。该协定对人权保护的规定虽然尚不够完善和全面，但仍具有划时代的意义，这标志着欧盟的援助政策正式带有政治导向，主导了后冷战时代西方援助的发展方向。

3. 第四个《洛美协定》修正案：人权、民主和法治的提出

1989 年签订的第四个《洛美协定》为期十年，但贸易与援助政策定期为五年，因此到了 1995 年，新成立的欧洲联盟同非加太的 78 个国家进行了中期谈判，在毛里求斯签订《洛美协定》修正案。非洲国家中新增厄立特里亚与南非，总数达到 48 个。

该协定在贸易发展方面变化不大，然而在政治导向方面则对非加太国家提出更加严苛的条件。第一，修订案的第五条内容扩容——人权、民主和法治原则成为双

方发展合作的基石，欧盟的资金将推动非加太国家在发展中实践上述原则。具体到条约中，第五条第一款新增："该条约中发展合作应该以尊重和保护人权、承认和实施民主原则以及巩固法治与良好治理为基础。良好治理是发展合作的特别目标。尊重人权、民主原则和法治，奠定了欧盟与非加太国家关系和协定条款的基础，指导着双方国内和国际政策的制定，同时构成本协定之必要条件。"① 第三款新增："欧盟给予的资金援助分配将与非加太国家的行为挂钩，资金将被用于保护人权、促进民主化和强化法治与良好治理。"②

第二，修订案第 366a 条明确设定了"不履行条款"。"如果一方认为另一方没有履行协定第五条中提出的任意一个核心原则，则有权邀请相关方开启特别磋商程序，共同探讨当前情况。磋商会议必须在发出邀请后的 15 天之内举行，最迟也不能晚于 30 天。"③ 在第 366a 条中，欧盟和非加太国家虽被表述为双方地位平等，但

① ACP-EEC Council of Ministers, "Agreement Amending the Fourth ACP-EC Convention of Lome", http://www.caricom.org/jsp/community_ organs/epa_ unit/Cotonou_ Agreement_ &_ Lome4_ lome4.pdf, 2020 - 1 - 31.

② ACP-EEC Council of Ministers, "Agreement Amending the Fourth ACP-EC Convention of Lome", http://www.caricom.org/jsp/community_ organs/epa_ unit/Cotonou_ Agreement_ &_ Lome4_ lome4.pdf, 2020 - 1 - 31.

③ ACP-EEC Council of Ministers, "Agreement Amending the Fourth ACP-EC Convention of Lome", http://www.caricom.org/jsp/community_ organs/epa_ unit/Cotonou_ Agreement_ &_ Lome4_ lome4.pdf, 2020 - 1 - 31.

实际上不履行条款只针对非加太国家。磋商会议中欧盟会对非加太国家提出改正建议，如果双方无法达成一致，欧盟将中止条约，停止为相关国家提供援助。

为配合第四个《洛美协定》修订案在政治导向方面做出的实质性改变，修订案第244条指出，为配合政策调整，欧盟将拿出专门资金对非加太国家开展民主化和法制化的机构予以支持，鼓励民主改革，总金额高达8000万欧洲货币计算单位。

（三）21世纪以来欧盟对非政策的逐步定型

2000年签订的《科托努协定》和2007年出台的《欧非联合战略》主导了21世纪以来的欧非关系，亦成为欧盟对非洲政策的基石。

1. 欧盟出台全新对非政策的背景因素

《科托努协定》看似是《洛美协定》的续订协定，但由于其内容的全面性，使得欧盟对非政策不再局限于援助领域，而随后2005年欧盟的首份对非政策文件以及2007年《欧非联合战略》的相继推出则彻底为欧盟对非洲政策开启了新篇章。该政策的调整与出台受到欧盟自身、非洲以及国际体系变革的诸多影响。

（1）欧盟层面：既有政策弊端显现与自身定位调整的双重驱动

从第二次世界大战后到20世纪结束，欧盟/欧共体的对非政策主要集中于经贸和援助领域，长期且大量的发展援助投入非洲后，虽维持了双边的传统联系，但发展援助的有效性问题逐渐暴露，加之欧洲民众的质疑声不断上升，欧盟被迫重新审视其援助政策。与此同时，1993年欧盟成立后，全新的超国家机构有了新的自身定位与利益诉求，亦需要调整对外政策以匹配上述变化。双重驱动促使欧盟必须尽快调整对非洲的政策。

①援助有效性问题与欧盟内部的反思

自经合组织（OECD）成立以来，欧盟/欧共体及其成员国一直在其框架下向非洲提供官方发展援助。从1960年开始，发展援助委员会成员国对外援助的资金数额不断攀升，通过双边和多边国际机构，有大约3.2万亿美元的金额流入了发展中国家。[①] 欧洲发展基金是欧盟对非洲援助最重要的资金来源，由成员国在磋商后进行分摊与认缴。资金总额随着历次协议的修订逐步增多，自1985年起，欧盟及其成员国提供的发

① Wolfgang Fengler and Homi Kharas eds., *Delivering Aid Differently: Lessons from the Field*, Washington, D. C.: The Brookings Institution, 2010, p. 115.

展援助达到全球官方发展援助的一半以上并得以长期维持。[①] 尽管如此，非洲的发展情况则不尽如人意。20世纪70年代中后期开始，非洲国家的经济受到全球经济疲软的影响，遭遇债务危机，贫困率大幅提升，多国的国民生产总值出现负增长。随后非洲遭遇80年代“失去的十年”和90年代“动乱的十年”。同时，非洲国家严重依赖西方援助，如果经合组织停止援助，某些非洲国家的经济将面临时刻崩溃的风险。非洲学者莫约在《援助的死亡》中提出：“西方对非援助长期以来只是助长了非洲政府的腐败和人民的贫困，阉割了非洲的企业家精神，并使非洲深陷依赖外援的陷阱不能自拔。”[②] 总体而言，欧共体对非援助的投入与非洲实际获得的发展远远不成正比，援助低效。

此外，这一时期的发展援助亦遭遇欧洲民众的广泛质疑，加之国际发展观的变化，欧共体对其援助政策进行了充分反思，一种过程驱动型的援助模式浮出水面。该援助模式基于以下前提：第一，非洲受援国政治经济发展落后，因此在政治和经济制度方面都较为薄弱。在获得西方大量援助的情况下，非洲国家可能由于制度不健全导致援助并不能物尽其用。第二，

① 数据来源：OECD 数据库，https：//data. oecd. org/oda/net-oda. htm。

② ［赞比亚］丹比萨·莫约：《援助的死亡》，王涛、杨惠等译，世界知识出版社2010年版，第21页。

欧共体国家均为民主的发达国家，在民主制度与公民社会方面较之非洲国家更有经验，可以以其自身为范本向非洲国家推广经验。二者通过供需关系达成一致。这种过程驱动型的发展援助有以下优点：一是有利于促进受援国建立一套西方式民主政治和市场经济体系，在政治上强调参与、透明、问责和良治，在经济上强调私有化、自由化等价值观念；二是有利于监督约束受援国对资金的使用，防止贪污、挪用和腐败；三是由于援助资金来源于纳税人的税收，强调上述价值观念，有利于援助国说服自身国民，得到纳税人的选票支持。[①] 因此，欧共体开始将人权、民主和良好治理等政治导向作为条件加入对非援助政策，试图通过完善和透明的政治制度保障援助的合理利用，提高援助有效性。

②欧盟全新的身份定位与利益诉求

1993 年欧盟成立，欧洲一体化过程从经济领域外溢到政治领域，欧盟成员国让渡了更多主权，使其成为实质意义上的超国家行为体。这随之带来两项重要变化：一是欧盟将“规范性力量”作为自身在国际舞台中的定位。基于曼纳斯的界定，“规范性力量欧洲”的概念应是：“试图以‘超越威斯特伐利亚主权体系’

① 王小林、刘倩倩：《中非合作：提高发展有效性的新方式》，《国际问题研究》2012 年第 5 期。

的理念为基础，通过欧洲一体化进程中凝聚起来的价值观和规范，塑造欧盟这一当代独特的政治实体的新道德形象，不仅以其界定自己身份的性质和在国际舞台上的角色特征，而且以向世界推行这些价值观、规范为欧盟的职责和目标。”① 在此定位下，欧盟统筹和细化了规范性外交政策，具体实践为在对外关系中宣传欧盟和平、民主、法治、尊重人权和良好治理的价值理念，同时在行动中帮助推进其他地区区域一体化进程，鼓励多边合作，和平解决冲突。

二是欧盟开始作为独立行为体追求国际政治影响力。在欧盟成立之前，欧共体是一个经济组织，在世界范围内拥有重大的经济影响力。在成为超国家行为体后，欧盟亟须获得与其经济地位相匹配的国际政治影响力。欧盟追求政治地位首先表现在以独立的身份加入多个国际组织，成为观察员，逐步获得国际社会对其独立行为体的认同。其次，不断完善共同安全与外交政策，以独立行为体维护区域利益，实践带有欧洲特点的对外行动。再次，欧盟开始确立和强调欧洲理念与规范，发展软实力，代表整个欧洲与国际社会进行互动。最后，由于区域内成员国在外交政策中逐渐用同一个声音说话，欧盟的对外政策亦成为欧洲的

① 洪邮生：《“规范性力量欧洲”与欧盟对华外交》，《世界经济与政治》2010 年第 1 期。

主导性政策。有学者认为，超国家机构的建立能够规范成员国的行动并影响其对利益和目标的界定，削弱成员国的抉择能力，最终影响成员国的行为。[①] 在此前提下，关注政治、安全、社会等其他领域，并在援助中加入政治导向成为欧盟的必然选择，从而增强在非洲的影响力以维护自身利益并追求相应的国际地位。

（2）非洲层面：自主意识的持续觉醒与发展选择的增多

自20世纪60年代非洲经历民族独立解放运动后，非洲国家对于追求国家独立与平等的愿望愈加强烈。此后，非洲积极参与南南合作，参与不结盟运动、成立77国集团，追求建立国际经济新秩序。该时期非洲同广大发展中国家团结一致，推动非洲国家自主意识进一步觉醒，处理国际事务的能力得以强化。冷战结束，和平与发展成为时代的主题，主权原则成为全人类的共识。经过独立后二十多年的发展，非洲人民积极发挥主观能动性，探寻自主发展道路，强烈反对西方国家的直接干预。2002年，非洲联盟正式取代非洲统一组织，是非洲联合与非洲自主意识发展的重大进步。欧盟再也无法维系与非洲之间“援助—受援”的关系模式。

与此同时，非洲发展过程中可选择的伙伴与受到

---

① P. Halland, R. Taylor, “Political Science and the Three New Institutionalisms”, *Political Studies*, Vol. 44, No. 5, 1996, pp. 936 – 957.

的帮助逐渐增多。一方面，诸多国际组织均关注非洲问题，试图帮助非洲发展。联合国每个十年发展战略规划都突出强调非洲发展问题，呼吁全球伸出援手，帮助非洲。世界银行也积极配合，为非洲国家提供资金援助。另一方面，全球绝大多数的人道主义援助均流入非洲。除国际组织外，一些先行获得成功发展的发展中国家，也参与到对非援助中，开启了与西方截然不同的援助模式。其中最有特点的就是中国、印度、巴西等新兴发展中国家的对非援助。早在冷战时期，中国便对非洲国家慷慨解囊，帮助修建坦赞铁路，传为发展中国家援助的佳话。后来，这些国家经济增长迅速，实现了不同于西方发展模式的经济增长，掌握了丰富的发展经验，并且深知西方援助中所提出的诸多条件对国家发展的限制。因此在对非援助中提出不附加任何政治条件，援助过程强调平等互利，比较重视非洲国家的经济实际增长与减贫效果。新兴发展中国家参与非洲发展援助时间较晚，大致在20世纪90年代后期，但势头迅猛。发展过程中参与方多元化给非洲国家提供了更多选择，欧盟对非洲的控制和影响力减弱，迫使其不断调整和完善对非政策。

（3）国际层面：第三波民主化与国际局势的变化

第三波民主化浪潮兴起于20世纪70年代，随后快速席卷拉美和亚洲，在此浪潮下，一些发展中国家结束威权统治、进行民主改革，并不断巩固西方民主制度的过程吸引了周围国家的效仿，使这一波民主化形成浪潮，达到顶峰。非洲自80年代后期开始受到第三波民主化的影响，那时非洲人普遍感觉到，多党制政府能够遏制非洲经济的螺旋下降。[①] 非洲的这波民主化运动呈现出三个特点：其一，非洲国家在冷战后经历了迅速和普遍的民主转型，涉及国家广泛，势头迅猛。其二，外部环境对冷战后非洲的民主化影响深刻。其三，虽然非洲国家内部问题严重，民众积极参与民主化进程，但民主化仍然是自上而下发生的。第三波民主化加速了西方价值观在非洲的传播，亦为欧盟在援助中加入政治导向、增强欧盟在非洲的软实力提供了有利的条件。

与此同时，1991年苏联解体与东欧剧变，致使两极体系迅速坍塌。该历史事件对欧盟/欧共体的对非政策产生重要影响。其一，美国成为世界上唯一的超级大国，西方价值观成为“普世价值”，推行于全球各地。有西方学者认为：“东西方冲突最重要的教训是，民主化是减少武力以及非武力的处理冲突模式机制化的唯一有效战略。民主政权结构是和平的可靠基础。”[②] 这一观

---

① ［英］威廉·托多夫：《非洲政府与政治》（第四版），肖宏宇译，北京大学出版社2007年版，第13页。

② ［德］恩斯特-奥托·岑皮尔：《变革中的世界政治——东西方冲突结束后的国际体系》，晏扬译，华东师范大学出版社2000年版，第12—13页。

念也对欧共体产生了极大的影响，欧共体认为，非洲地区时常发生暴力冲突，严重阻碍国家经济的发展，在非洲改善人权、建立民主制度是解决非洲发展问题的关键。其二，东欧剧变推动欧共体在对非援助中话语权与决定权的上升。由于苏联解体，非洲已不再是两个超级大国争夺的目标，非洲国家用以谈判的筹码减少，美国对非援助开始考虑有效性以及是否能为美国带来实际利益。这一行为导向也影响了欧共体的决策，其将目光转向非洲的政治制度改革，开始附加政治条件。其三，东欧剧变促使国际社会对发展中国家的观念发生转变，即现代化得到推崇，包括经济全球化、政治民主化以及鼓励人的价值等理念成为主导观念。因此，以联合国为首的国际组织也开始强调人权和民主对于发展的重要性。全球的舆论取向的变化，为欧共体调整对非政策奠定了重要的理论基础。

综上，在欧盟、非洲以及国际社会三方发生变化的背景下，欧盟对非政策开始逐步调整，并在2000年后逐渐定型，开启全新的双边伙伴关系。

2. 《科托努协定》：迈向全新伙伴关系

随着第四个《洛美协定》即将到期，1998年9月欧盟同非加太国家便开始关于制定新的发展援助政策的谈判，终于在2000年双方达成一致，于当年6月23

日在贝宁科托努签订了全新的《非加太国家与欧共体及其成员国伙伴关系协定》，即主导21世纪欧盟对非援助的《科托努协定》。该协定内容更加丰富全面，成为欧盟同非加太国家进行合作与政治对话的重要机制，欧非伙伴关系进一步深化。《科托努协定》有效期为20年，其中前8年为过渡期，后12年为执行期。

在贸易方面相较于《洛美协定》，《科托努协定》变化巨大：首先，取消出口收入稳定制度，单方面的优惠贸易体制被自由贸易体制所取代，欧盟正式改变了《洛美协定》设立的经贸关系框架。其次，《经济合作伙伴协定》（*Economic Partnership Agreement*）从原有协定中独立，贸易合作制度化加深。该协定为欧非贸易合作制订了详细的规划，保障了双边经济关系的深化发展。最后，欧盟针对发展中国家的不同发展状态制定不同政策，实施区别待遇。对最不发达国家、内陆国家以及个别岛国，欧盟依然实行优惠贸易政策，在协定中以附件形式专门论述对这些国家的援助与贸易政策。

《科托努协定》最重要的变化在于政治方面。虽然在第三个和第四个《洛美协定》中人权、民主等概念被提出，并具有了若干实质内容，但欧非双边关系依旧局限于贸易合作，2000年之前的双边协定仍然归于经济领域。《科托努协定》是一项全面的协定，为21

世纪的欧非关系设定了全新的开始。

第一，《科托努协定》规划了各方面的欧非关系。欧盟首次将同非加太国家的关系设定为平等伙伴关系。为发展和巩固这一关系，欧盟将在政治对话、广泛参与、发展战略以及金融经贸方面同非加太国家开展合作。同时《科托努协定》也成为体现欧盟发展战略的重要文件。之前欧共体与非加太国家最重要的经贸往来成为发展战略的一部分。

第二，《科托努协定》提出了安全与发展的关系。欧盟试图同非加太国家发展更多的高政治领域的合作。协定第一部分第 11 条引入安全建设、冲突的预防与解决，该条款指出了安全与发展的不可分割和相辅相成。欧盟开始将非洲的和平建设和危机管理纳入发展援助的目标体系，试图以稳定的安全局势推动非洲的全面发展，再以成功的发展维护非洲各国政局的稳定。① 欧盟对非援助开始包含安全内容。

第三，《科托努协定》标志着欧盟对非带有政治导向的发展援助政策正式定型。全新的协定中，在第一部分新增了论述政治维度的章节。第 9 条为必要条件和基础条件，尊重人权、民主原则与法治仍然是奠定欧盟同非加太国家伙伴关系的必要条件。欧盟在协定

① 赵雅婷、刘青建：《欧盟对非援助政策新变化探析》，《教学与研究》2015 年第 6 期。

中对人权、民主原则和法治进行扩充，指出："人权是普遍、不可分割并相互关联的，缔约国应实施相应政策，保护公民的基本自由以及生存、政治、经济、社会和文化等各方面的人权。还应重申，民主、发展、保护基本人权和自由相互关联并相得益彰。民主原则具有普世性，其保障政府的合法性，反映国家运作的机制。在此基础上各国都应该发展民主政治，培养民主文化。政府需要建立在法治的基础上，行政将更加有效，独立的法律系统也将保障公平。"①

除了必要条件外，《科托努协定》将良好治理作为基本条件。"良好治理是对人类、自然、经济和财政资源进行透明和负责任的管理，以期实现公平与可持续的发展。它意味着各层公共权威拥有清晰的政策制定过程，透明与负责的制度，管理和分配资源时将法律放在首位，精心设计的能力建设以及实施特别的政策预防和打击腐败。"② 对良好治理进行定义后，欧盟提出同非加太国家的发展关系应践行良好治理。《科托努

① European Commission: *Partnership Agreement*, *Between the Members of the African*, *Caribbean and Pacific Group of States of the One Part*, *and the European Community and Its Member States*, *of the Other Part*, Luxembourg: Official Journal of the European Communities, 2000, p. 8.

② European Commission: *Partnership Agreement*, *Between the Members of the African*, *Caribbean and Pacific Group of States of the One Part*, *and the European Community and Its Member States*, *of the Other Part*, Luxembourg: Official Journal of the European Communities, 2000, p. 9.

协定》第97条为针对良好治理的“不履行条款”。若发生严重腐败情况，缔约双方将在磋商会议邀请发出的21天内召开会议，最迟不能晚于60天。如果在协商过程中并没有得到合适的解决方案，在特定情况下欧盟将暂停援助，直至非加太国家的情况得到实际改善。至此，欧盟对非援助的政策正式转变为：欧盟倡导保护人权、发展民主和推行良好治理，非加太国家若想获得欧盟的援助就必须按照以上原则进行国家建设与发展，欧盟将根据这些国家的实践确定是否持续提供援助资金。

《科托努协定》分别于2006年和2010年进行了两次修订。主要政策随着国际形势的变化新增关注议题，然而带有政治导向性的本质并没有发生变化，以人权、民主和良好治理为政治导向的援助政策得以反复巩固。2006年修订后的协定中，第九条名称直接表述为“人权、民主原则和法治为协定必要条件，良好治理为基本条件”①。对以上原则的不履行条款，召开磋商会议的时间改为30天内，最迟不得晚于120天。政治维度内容中，最大的变化是欧盟进一步将更大范围的安全问题纳入发展援助政策，包括共同应对

① European Commission, *Partnership Agreement ACP-EC*, Luxembourg: office for Official Publication of the European Communities, 2006, p. 9.

恐怖主义、大规模杀伤性武器扩散以及尊重国际法。此外，在减贫方面同联合国千年发展目标进行了协调。在协定附件中加入针对人权、民主和法治问题的政治对话章程。

2010年《科托努协定》的第二次修订对于人权、民主、法治和良好治理的论述基本没有变化，仅在第9条最后补充说明了对这些原则的支持与实践不仅仅针对非加太国家，还包括欧盟及其成员国。此次修订的主要变化体现在四个方面：其一，援助有效性被列入指导原则，联合国千年发展目标和应对气候变化被纳入发展目标体系。其二，扩展政治对话内容，协定关注非加太国家公民社会的发展，并在安全问题上加强沟通。其三，欧盟乐于开展两个大陆间整体的合作，积极强调非盟的作用，支持非洲一体化进程。其四，发展政策安全化进一步明确。强调区域组织在维护地区安全方面的作用，并要求建立安全预警机制。总体而言，《科托努协定》中全面欧非关系的推出以及援助政策政治导向的定型是欧盟成为超国家行为体后对其地位重新定位后的结果。

3.《欧非联合战略》：欧非关系首次向全方位多领域推进

《科托努协定》签订的同一年，首届欧非峰会在开罗举行。此次会议主要议题包括贸易、投资、债务、难民、技术转让、地区安全、加快非洲与世界经济接轨等问题。此外，如何通过和平手段解决地区争端和武装冲突、建立无核区、裁军、扫雷、战后重建、反恐怖活动，以及如何实现可持续发展、消除贫困、改善教育、环境和医疗卫生条件、控制疾病特别是马拉热和艾滋病在非洲大陆的传播和确保粮食安全等问题，也是首脑会议要讨论的议题。会议结束时发表了《开罗宣言》和《行动计划》。

欧非峰会是欧盟为发展同非洲的关系，深化对非洲影响的重要机制。首次峰会并没有产生重大的政治影响，并且由于英国和津巴布韦关系的恶化，导致原定于2003年举行的第二届欧非峰会被迫延期。这一时期欧盟与非洲都发生了巨大的变化。欧盟方面，一是受到“9·11”事件的影响，欧盟在反恐等军事方面的一体化合作进一步迈进；二是2004年欧盟完成了大规模东扩；三是2004年，若泽·曼努埃尔·杜朗·巴罗佐被新议会任命为下届执委会主席，开启了欧盟的“巴罗佐时代”；四是《欧盟宪法条约》虽能加速欧洲一体化，但却遭到否决，急需新的方案予以替代。非洲方面，1999年《苏尔特宣言》提出要建立非洲联盟以取代非统。2000年第36届非统首脑会议正式通过了《非洲联盟章程草案》，2002年非统的历史使命宣告结束，非洲联盟开始运行。此外，2001年“非洲发展新伙伴计划”在非统首脑会议上通过，它是非洲自主制定的第一个全面规划非洲政治、经济和社会发展目标的蓝图，旨在解决非洲大陆面临的包括贫困加剧、经济落后和被边缘化等问题。

面对欧盟权力的增强与非洲自主性的提升，欧盟急需一份全面且有前瞻性的对非政策文件。2005年12月，欧盟委员会对外发布了《欧盟与非洲：通往战略伙伴关系》文件。该文件强调，将在未来十年建立起欧非新型战略伙伴关系，帮助非洲实现联合国千年发展目标，提升非洲的可持续发展能力以及安全与良治水平。[①] 文件大致规划了欧盟在和平与安全、人权与治理、发展援助、经济可持续增长、区域一体化和贸易、以人为本这六个方面对非洲的关注，也为2007年的《欧非联合战略》奠定了政策基调。

2007年6月，欧委会再次通过《从开罗到里斯本：欧盟—非洲战略伙伴关系》文件，为年底举行的欧非峰会预热。12月，八十多个欧非国家领导人在葡萄牙里斯本召开了第二届欧盟—非洲首脑会议。此次会议正式通过了《非洲—欧盟战略伙伴关系》（以下

① Council of the European Union, “The EU and Africa: Towards a Strategic Partnership”, December 19, 2005, https://ec.europa.eu/commission/presscorner/detail/en/PRES_05_367, 2020-2-3.

简称《欧非联合战略》）文件，以及相关行动计划。文件中提出将努力建设欧非间长期战略伙伴关系，并聚焦以下四个目标：加强非洲与欧盟的政治伙伴关系；强化和促进和平、安全、民主治理和人权、基本自由、性别平等及可持续发展；共同促进和坚持有效的多边主义；促进广泛的以人民为中心的伙伴关系发展。①

《欧非联合战略》的推出标志着欧盟对非政策的重大调整与转变，此次政策调整呈现出如下特征：首先，欧盟试图改变欧非之间的“援助与受援”关系模式，突出强调将建设平等的战略伙伴关系。时任欧委会主席巴罗佐指出：“非洲必须成为欧盟对外关系的重点，欧盟—非洲关系必须超越过时的捐助者与受益者关系，转向基于共同利益和共同面对全球化挑战的真正平等的伙伴关系。”② 欧盟对欧非关系的这种重新定位，旨在改善欧盟在非洲大陆的形象，巩固和加强欧盟在该地区的影响力。③

其次，欧非关系全面纵深发展，覆盖八大领域，

① Council of European Union, “The Africa-EU Strategic Partnership: A Joint Africa-EU Strategy”, December 9, 2007, https://www.consilium.europa.eu/uedocs/cms_ data/docs/pressdata/en/er/97496.pdf, 2020 -2 -4.

② Council of European Union, “Beyond Lisbon: Making the EU-Africa Strategic Partnership work”, June 27, 2007, http://aei.pitt.edu/38007/1/SEC_ (2007) _ 856.pdf, 2020 -2 -5.

③ 房乐宪：《欧盟对非战略的调整及趋势》，《亚非纵横》2009 年第 1 期。

突出欧盟的“规范性影响”。与《罗马条约》、《雅温得协定》和《洛美协定》一脉相承的《科托努协定》虽然加入了政治对话等内容，但发展援助和贸易依然是重中之重。换言之，欧非关系在进入21世纪后，依然局限在援助和贸易领域。而《欧非联合战略》强调了八个优先合作领域，包含了政治、经济、安全、外交、文化等多个方面，其中更是将和平与安全列为第一项，充分体现了欧盟与非洲发展全方位伙伴关系的意图。此外，此份文件中，欧盟在多领域继续对非洲提出保护人权、发展民主和推行良治的要求，强化“政治条件性”，突出“规范性影响”。

再次，欧盟对非洲政策机制建设更加完善。《欧非联合战略》文件将欧非对话交流制度化。其明确提出今后欧非峰会将轮流在欧洲和非洲举行，每三年一届。还有欧非三驾马车对话机制，欧盟委员会与非盟委员会对话机制，欧洲议会与泛非议会对话机制以及其他代表性机构的对话机制（如欧盟经济社会理事会和非盟经济社会文化理事会的对话机制），欧非双方非正式机构之间的（市民社会组织）对话机制，以及执行和后续机制等。①

---

① Council of European Union, “The Africa-EU Strategic Partnership: A Joint Africa-EU Strategy”, December 9, 2007, https://www.consilium.europa.eu/uedocs/cms_ data/docs/pressdata/en/er/97496.pdf, 2020-3-4.

最后，欧盟对非洲政策逐渐展现出“发展—安全相关联”的特点。在官方文件中，欧非峰会宣言明确指出和平与安全对发展的重要性，伙伴关系意在加强非盟对冲突的防御、管理和解决能力。其主要有三个目标：“1. 加强欧非在和平与安全问题上的政治对话；2. 帮助建设非洲和平与安全架构；3. 确保非洲领导的和平行动得到足够的资金支持。”① 在机制建设上，欧盟增加发展援助资金，加强对非洲安全建设的支持。诸如为配合非洲和平与安全架构（African Peace and Security Architecture，APSA）的建设及加强非盟的自主性，欧盟与非盟加强了政治对话，还专门成立了政治与安全委员会、危机管理委员会等机构配合日常联系。② 并创设了非洲和平基金③（African Peace Facility，APF）和稳定工具（Instrument for Stability）④ 支持非盟的维和行

① European Union，The Africa-EU Partnership：Two Unions，One Vision，2014，http：//www. africa-eu-partnership. org/sites/default/files/documents/jaes_ summit_ edition2014_ en_ electronic_ final. pdf，2020 -3 -4.

② Nicoletta Pirozzi，“EU Support to Africa Security Architecture：Funding and Training Components”，*European Union Institute for Security Studies*，Occasional Paper，2008，pp. 20 -22.

③ 非洲和平基金（African Peace Facility）是根据持续的经济发展仅存在于和平与安全的条件下这一理论假设而创设的。该理念认为发展应该包括经济、政治、民生及文化等多个方面，安全与发展应该相互协调。

④ 2001 年欧盟创立的快速反应机制（Rapid Reaction Mechanism）是稳定工具的前身。为配合安全援助政策的调整，该机制于 2007 年被稳定工具所取代。

动并应对紧急安全危机。

2009 年，《里斯本条约》正式生效，对欧盟机构进行了大刀阔斧的改革。具体而言，一是欧委会以及欧洲议会的职权均有所增强，欧盟委员会主席将在欧洲事务中扮演更加重要的角色。二是设立常任的欧洲理事会主席职位，取消目前每半年轮换一次的欧盟首脑会议主席国轮替机制。三是设立欧盟外交和安全政策高级代表一职，全面负责欧盟对外政策。欧盟的对非政策机制也进行了相应调整。由于历史联系、地缘利益和合作诉求等多方面的不同，欧盟的对非合作机制存在着“分散性”和“单向性”的局限。① 为克服以上问题，欧盟采取了一系列措施，诸如引入联合专家组、确立主要协调国以及加强内部协调等，试图以欧盟和非洲的独特携手应对大陆的共同挑战。②

2010 年，欧盟与非洲国家在利比亚首都的黎波里召开第三届欧非峰会，此次会议的主题为“投资，经济增长和创造就业”，强调了加强经济合作与区域一体化之间的联系。此次会议还突出说明增加私营部门参与将政治目标转化为具体成果的重要性，同时呼吁在科学和信息社会领域加强合作，以建立更具包容性的

---

① 金玲：《欧盟对非洲制度机制调整及其对中国的影响》，《欧洲研究》2010 年第 5 期。

② Council of European Union, Lisbon Declaration-EU Africa Summit, December 9, 2007, https://www.consilium.europa.eu/uedocs/cms_Data/docs/pressdata/en/er/97494.pdf.

基于知识的全球竞争性经济。[①] 在此次峰会上欧非领导人通过了《的黎波里宣言》，总结自上届里斯本峰会以来的发展，并重申对非洲经济发展、和平与安全以及实现非洲千年发展目标的承诺，并提出欧盟—非洲联合战略的第二个行动计划（2011—2013 年），呼吁在第一个行动计划（2008—2010 年）中确定的八个主题伙伴关系中加强合作。特别是，第二个行动计划将强调建立更具活力的私营部门的重要性，并表明欧盟愿意与欧洲和非洲的利益相关者以及国际伙伴合作，以在所有合作领域取得进展。此外，欧盟和非洲领导人还将通过一项关于气候变化的联合宣言。

综上，21 世纪以来，由于国际局势、欧盟与非洲地区形势以及国际社会对发展援助的诸多反思，欧盟积极调整对非洲政策，通过《科托努协定》及其修正案、《欧非联合战略》及其确立的相关机制巩固与更新了欧盟与非洲的关系，奠定了欧盟的非洲政策基调，并产生了深远的影响。同时，随着欧洲一体化的持续推进，欧盟机构权力的增强，欧盟委员会在欧洲外交事务中扮演更加重要的角色。此后，尽管随着时间的推移与局势的变化，欧盟的历任领导人均对非洲政策

① EU, 3rd Africa EU-Summit 29/30 November, Tripoli, November 23, 2010, https://ec.europa.eu/commission/presscorner/detail/en/MEMO_10_604.

进行了调整，但欧盟对非洲的政策总体依然在以上两份文件的政策框架下。

（四）容克时期欧盟对非洲政策的变与不变

2014 年 11 月 1 日，让—克洛德·容克（Jean-Claude Juncker）正式接替巴罗佐成为欧盟委员会主席，任期五年。在其任内，2014 年和 2017 年，第四届和第五届欧非峰会顺利召开，欧盟对非政策继续在欧非伙伴关系的框架下持续调整。

1. 容克制定对非洲政策的背景因素

此时的欧盟正悄然发生巨大的变化，主要表现在以下方面。

其一，《里斯本条约》生效后，欧盟治理合法性提升，一体化有重要革新。其中最重要的变革体现在该条约赋予欧洲议会更大的权力，使其拥有更广泛的决策领域和更强大的决策能力。在 2014 年的欧盟委员会选举中，欧洲议会首次介入了候选人提名事宜。该事项一直是由欧洲理事会负责，即由成员国首脑通过协商与谈判提出，但容克的提名却是由欧洲议会中右党团人民党提出的。因为没有获得欧洲国家首脑的认可，容克和中左党团的提名人舒尔茨不能被称为候选人，为此媒体只好以“热门人选”的称呼来表示。此外，容克的当选展现了欧盟委员会的主席化特征，具体指的是在不改变欧盟基本宪政结构的情况下，其政治体系的实际运行倾向于不断接近总统制的进程，包括行政维度、政党维度和选举维度：欧盟委员会主席在欧盟委员会内的权力资源和自主性增长、相对于欧洲议会党团的自主性增长以及越来越以委员会主席候选人为中心的欧洲议会选举进程。① 由此可见，到 2014 年容克继任后，欧洲议会和欧盟委员会的权力均有显著增强，成为与欧洲理事会抗衡的重要机构。欧盟的民主合法性增强，欧委会将有更大权力与机会来回应与处理欧盟的重大事宜。

其二，欧盟部分成员国爆发主权债务危机，对欧盟模式以及一体化进程造成挑战。自 2009 年希腊爆发主权债务危机以来，欧债危机的影响迅速蔓延，南欧国家无一幸免，甚至法国也被波及。欧债危机的背后反映出欧盟制度的深层次问题，即货币政策与财政政策的脱节。欧洲央行制定统一的货币政策，导致主权国家仅能通过财政政策来调节国内经济。自危机发生以来，欧盟实施了 7500 亿欧元的救助机制以及紧缩财

① 石贤泽：《容克委员会主席化的新发展及其动力解释》，《欧洲研究》2018 年第 2 期。

政等一系列政策来应对。但到容克继任时，欧洲依然没有走出债务危机的阴影，许多国家陷入通货紧缩，失业率也较高。欧债危机对欧洲一体化的冲击是显而易见的，欧元区的稳定维持了欧盟的稳定，但如果经济领域遭遇问题将直接打击欧洲一体化的核心。这也是容克上台后需要继续解决的问题。

其三，阿拉伯剧变产生大量难民，引发欧盟的难民危机，这也成为容克任职期间一直困扰欧洲的巨大问题。2010 年突尼斯发生政变后，迅速波及多个北非和中东国家，加之伊斯兰国兴起，中东和北非局势动荡，形成了第二次世界大战以后最大的难民潮。由于地缘因素，中东北非地区的难民大量涌入欧洲。此外，撒哈拉以南非洲的政局动荡及恐怖主义滋生也导致大量难民流向欧洲。难民的接纳和相关资金摊派问题造成了原有制度（如都柏林法则）的失效，新的难民接纳和费用摊派制度又难以为所有成员国所接受，还在一定程度上威胁到了欧洲一体化的主要成果——人员自由流动的框架《申根协定》的全面实施。[①] 难民问题引发中东欧国家与法德等国的矛盾加深，成员国进一步分化，造成欧盟内部分歧加深。难民问题也加重了成员国疑欧的思想，导致欧洲右翼民粹主义兴起，

① 丁纯：《欧洲一体化的危机和欧盟的转型》，《人民论坛》2016 年第 11 期。

催化了英国脱欧进程。除债务危机外，难民问题能否妥善解决也关系到欧盟的“生死存亡”。

其四，欧盟境内恐怖袭击频发，引起民众恐慌，维护欧洲安全成为重要议题。西亚北非剧变以来，恐怖主义极端势力做大做强，加之欧盟成员国在叙利亚、利比亚等国的相关军事行动和地缘的影响使其成为恐怖组织（如伊斯兰国等）的袭击对象。此外，由于难民的大量涌入，一些青年受到极端思想的蛊惑，加入恐怖组织，给地区安全造成严重威胁。从伦敦、马德里爆炸案，再到巴黎、布鲁塞尔恐袭事件，欧洲成为恐怖袭击频发的区域，造成民众恐慌，许多民众在出行中甚至选择绕行布鲁塞尔的少数族裔聚集区。

由此，尽管容克上任时，欧盟机构获得了更大的权力，但欧盟面临的问题更加严峻，一体化进程遭遇挫折。在此情形下，为处理内部问题，欧盟对外政策需要进行相应的调整。

2. 容克非洲政策的调整与继承

受到欧债危机、难民危机以及系列恐怖袭击的影响，欧盟成员国之间利益分化明显、政治互信下降，对外政策愈加难以协调。同时，迫于自身危机，欧盟曾经强力推行的“对外塑造”政策无法长期维持，对外政策逐渐趋于务实，以缓解内部压力。因此，容克上任后，欧盟的非洲政策也进行了相应调整。

具体而言，一是难民问题成为欧盟对非政策的主要关切。由于欧盟长期实行宽松的边境管控措施，阿拉伯剧变后，大批难民涌入欧洲，极端思想、恐怖主义持续渗透欧洲。难民数量激增给欧洲社会带来巨大压力，极端宗教思想的传播等问题导致欧洲安全受到威胁，引发了欧洲民众的强烈抗议。在丹麦、瑞典、德国、匈牙利等国都发生了当地居民与难民之间的对抗与冲突。欧洲右翼民粹主义盛行，对欧洲一体化造成严重冲击。在多重压力下，容克委员会的首要任务就是解决难民问题。因此，2014 年 4 月 2—3 日在布鲁塞尔召开的第四届欧非峰会就将难民问题作为最核心的关注点，“和平、繁荣、民众”三个关键词成为峰会主题。[①] 2005 年 11 月，欧盟在瓦雷塔召开欧非移民问题特别峰会，专门设立应对移民问题的“欧非紧急信托基金”并出台《移民伙伴关系框架》。此外，难民危机爆发后，欧盟对非移民政策的主要方向实现偏移，推行“阻遏性”移民政策，向非洲单方面施加“遣返”和“再接收”移民合作的目标。[②] 这一变化亦体现在《科托努协定》，即《欧盟与非加太国家伙伴

① CEU, *Brussels Declaration*, Brussel: Council of European Union, 2014, p. 1.

② 金玲：《欧盟的非洲政策调整：话语、行为与身份重塑》，《西亚非洲》2019 年第 2 期。

关系协定》的续订谈判中，欧盟明确提出难民问题是全新《伙伴关系协定》中非洲地区协定的关键领域。

二是欧盟加大对非洲安全事务的投入与关注。伊斯兰国在中东地区的兴起以及西非萨赫勒地区恐怖主义的持续蔓延对欧盟的外部形成合围之势。上文提及，在国际恐怖主义扩散的大背景下，西欧主要国家纷纷遭遇恐怖袭击事件，严重威胁到欧洲民众的生命健康。为此，自容克继任后，欧盟加大了对非洲安全的关注力度，并持续加强对非和平安全合作。根据非洲和平基金的数据，尽管容克在任期间，欧盟对非洲安全的实际投入低于承诺总额，但投入总额较往届欧洲发展基金有显著增长，总量翻番。2014—2019 年平均每年的合同金额为 3.17 亿欧元，年均支付金额为 2.89 亿欧元。足以见得欧盟对非洲安全的重视程度。

此外，欧盟及其成员国加大了对非洲非传统安全问题的投入，并且着力加强边境管控，打击非法移民。如欧盟理事会于 2014 年 3 月发布《欧盟几内亚湾战略》，正式参与到几内亚湾安全治理中。[①] 2015 年《欧盟共同安全与防务政策》增加反恐与移民管控领域的内容。同时，对西非萨赫勒地区的安全形势予以持续关注和资金支持，在 2014—2020 年投入超过 10 亿欧元，欧

① 赵雅婷：《欧盟参与几内亚湾安全合作：现状、特征与问题》，《当代世界》2019 年第 9 期。

盟专门设立马里军事训练部队（EUTM）以及萨赫勒能力建设特派团（EUCAP Sahel）长期为萨赫勒地区的安全行动提供支持。在法国主导的塔巴库特遣队（Task Force Takuba）方面，欧盟也投入了自身力量。

三是发展援助在欧盟应对难民、安全以及经贸合作方面发挥更大的工具作用。发展援助一直是欧盟对非推行规范性外交的重要政策工具。在欧盟外交政策发生转向的情形下，发展援助亦成为欧盟应对新议题的重要手段。一方面，欧盟发展援助作为附加条件表现得更加灵活。如欧盟的发展援助更多地投入周边国家，以及非洲的重点国家，以推进受援国的难民管控。这一点在欧盟“非洲紧急信托基金”项目实施以及《移民伙伴关系框架》中体现得尤为明显。另一方面，发展援助在非洲安全和经贸领域也发挥更加重要的作用。2016 年 7 月 5 日，欧盟委员会提出将 1 亿欧元的发展援助资金直接用于资助外国军队，帮助应对非法移民，这是欧盟第一次直接将援助资金投向伙伴国的军事领域。① 在经贸方面，欧盟设立欧洲可持续发展基金，以发展援助改善受援国的投资与政策环境。并试图以发展援助支持欧盟对非贸易，以此吸引更多外部私人投资。

---

① Nicolaj Neilsen，“EU development aid to finance armies in Africa”，EU Observer，https：//euobserver. com/migration/134215，2020 -6 -1.

四是欧盟对气候变化问题的关注下降，在与非洲合作中将该议题顺序置后。在《2008—2013 欧非联合战略》发布的前两个行动计划中，气候变化是第五大优先合作领域，重要性远在移民问题之上。而到了2014 年的布鲁塞尔峰会和2017 年阿布贾峰会中，气候变化被移出重点合作领域，仅在宣言中强调对气候变化的些许共识。这充分说明欧盟对气候变化议题的关注度下降。背后原因在于欧盟危机动摇其气候政策的基础，加之内部商业集团对竞争力的顾虑，使得欧盟在非洲推动气候变化合作动力不足。

除上述调整外，容克时期的非洲政策也对之前的相关内容与合作重点予以保留。其一，欧盟依然强调对非洲平等伙伴关系的维护，试图改善“援助—受援”关系。自 2007 年《欧非联合战略》发布以来，欧盟反复强调非洲是欧洲的平等伙伴。在此后的三届欧非峰会宣言中均有明确表示。诸如第五届峰会宣言首段提及：“我们回顾 2014 年 4 月在布鲁塞尔举行的第四届欧盟—非洲峰会上作出的承诺以及 2014—2017 年路线图，基于互信、主权平等、完整和相互依存的原则”①。

其二，政治导向依然是欧盟对非政策的重要内容。2007 年欧非伙伴关系中，将民主治理和人权作为第二

---

① AU-EU Summit, *Investing in Youth for Accelerated Inclusive Growth and Sustainable Development*, AU-EU/Decl. 1 (V), November 2017, p. 1.

大合作领域。容克继任后，欧非之间召开了两次首脑峰会，尽管措辞有变化，但政治导向一直被置于第二大优先领域。如第四届峰会对该领域的表述为：民主、良好治理与人权。第五届峰会改为：加强韧性、和平、安全和治理。由此可见，欧盟对非合作中持续提出保护人权、维护民主法治以及推进良好治理的要求是容克委员会一直持续的政策之一。

其三，保持对非洲发展问题的多方位支持。早在《欧非联合战略》出台时，欧盟就提出推动非洲实现千年发展目标。随着国际社会在发展领域思想的革新与目标的调整，欧盟也跟随联合国的步伐在对非政策中调整发展关切。在 2014 年布鲁塞尔峰会中，欧非伙伴关系对发展的表述调整为促进可持续发展、包容性增长和大陆一体化。同时，伴随欧盟危机的持续发酵，欧盟与非洲就难民问题产生较大分歧。在《科托努协定》续订谈判中，欧盟希望制定更加严格的移民管控条款，意图以援助和经贸投资等政策工具为条件促使非洲国家加强边境管控，并接收欧盟遣返的非法移民。这遭到非洲国家的强烈反对，其希望欧盟提供更多的援助并拿出切实举措推动真正意义上的发展，从根源上解决移民问题。为使非洲国家在移民问题上做出更多的让步，欧盟对非政策更加关注发展议题。2017 年欧非峰会在科特迪瓦首都阿比让举行，主题被确定为

"为可持续的未来投资青年"，会议通过了《关于欧盟与非盟伙伴关系的宣言》，确定了双方未来三年的四项优先目标，其中和平与安全首次屈居第二位，将首要优先合作调整为发展教育、科技、竞争力，实现人才培养。2018 年，容克领导的欧盟委员会宣布成立欧非可持续发展与就业联盟（Africa-Europe Alliance for Sustainable Investment and Jobs），从而深化贸易和经济关系，并提出四项重点合作内容：（1）促进战略投资和创造就业；（2）教育和技能投资；（3）加强营商环境和投资环境；（4）充分挖掘经济一体化和贸易的潜力。①

总体而言，容克上任时，欧盟作为超国家行为体在对外政策方面有了更强的合法性与行动力。然而面对多重危机，欧洲一体化陷入困境。加之新兴国家对非合作的持续发展，欧盟及其成员国在非洲的影响力持续下降。在内忧外患的情况下，欧盟必须做出务实的改变，优先处理内部事务，对外政策便因此调整，从而更好地服务于欧盟内政。由上文论述可见，容克的非洲政策在试图维护对非规范性影响与优先解决欧洲事务之间，在处理欧洲长远利益与短期问题之间努力协调。与此同时，作为双边关系中较为弱势的非洲

① European Commission, Africa-EU cooperation, https://ec.europa.eu/international-partnerships/africa-eu-cooperation_en, 2020-11-12.

在这一时期变得更加强势，最具代表性的事件是，2018 年非盟通过了相关改革措施，并通过了建立非洲大陆自贸区的决议，加速推动非洲一体化进程，亦为非洲在与欧盟的博弈中争取了更多筹码。因此，容克时期的欧盟对非政策在制定与调整中，需要纳入考量的因素增多。最终，其选择优先解决难民问题。在实践过程中，虽然欧盟对非援助的金额逐年增长，但其与非洲的矛盾也因难民等问题日益凸显，欧非关系的实质依然没有改变，其对非洲的影响力仍在缓慢下降。

（五）冯德莱恩时期欧盟对非洲政策的新变化

容克结束任期时，欧债危机、难民危机以及系列恐袭等问题较之五年前已有很大改善，同时，“民众对欧盟的信任度和认同感已升至10 来年的最高点”[①]。尽管如此，欧盟在百年未有之大变局中也遭遇了前所未有的身份危机与外部压力。就欧盟内部而言，英国脱欧的负面影响持续发酵，加之此前的债务、难民、恐袭等多重打击，欧盟合法性面临严峻挑战。欧盟长期以“规范性力量”开展对外关系的路径难以为继，亟

① 鞠辉：《欧委会主席容克总结执政 5 年得失 欧中合作造福双方也有利于世界》，《中国青年报》2019 年 10 月 19 日。

须寻找理想与现实的平衡点，在维护欧洲价值的同时，获得更大的硬实力。为此，追求“欧洲主权（或主权欧洲）”成为欧盟新的身份定位。外部而言，一是多边主义及其相关规则遭到破坏，二是美国缺位导致跨大西洋关系受损，三是“中国之治”对西方范式造成的冲击。

2019 年 7 月 16 日，乌尔苏拉·冯德莱恩被确认为欧盟委员会的下一任主席，同年 12 月 1 日，其正式就职为新任欧盟委员会主席。冯德莱恩上任组阁后便提出施政的三项核心政策，即应对气候变化、适应数字时代和提供就业机会。为配合冯德莱恩施政纲领的实施，欧盟的对外政策势必要进行相关调整。作为欧洲的传统势力范围，欧盟试图以此为切入点，开启全新欧非关系。

1. 欧盟对非洲新战略出台

2020 年 3 月 9 日，欧盟委员会发布题为《对非洲全面战略》（Towards a Comprehensive Strategy with Africa）的政策文件。这是继 2005 年欧盟委员会推出《欧盟与非洲：走向战略伙伴关系》（The EU and Africa: Towards a Strategic Partnership）后，欧盟第二份明确提及战略的对非政策文件，标志着欧盟非洲政策的重大调整。

新战略的具体内容包括五大合作领域：能源绿色转型、数字化转型、可持续增长和就业、和平与治理、移民和人员流动。为配合上述领域合作的开展，新战略亦提出对非合作十项行动：通过切实遵守《巴黎协定》最大限度地提高绿色转型的收益，最大限度地减少对环境的威胁；促进非洲大陆的数字化转型；大幅增加在环境、社会和财务方面可持续的投资，抵御气候变化的影响，扩大使用创新性融资机制，推动促进区域和大陆经济一体化；支持非洲国家采取改善营商环境的政策和监管改革举措以吸引投资者，包括建设公平竞争的商业环境；快速增强非洲教育、知识和技能及科研创新能力，特别关注妇女和青年；通过结构化和战略性合作，调整和强化欧盟对非维护和平的努力，特别关注最为脆弱的地区；将善政、民主、人权、法治和性别平等纳入行动与合作；综合运用人道主义、发展合作、和平与安全的干预措施，确保有效应对冲突和危机；确保平衡、协调和全面的移民和人员流动伙伴关系；加强以联合国为核心、基于规则的国际秩序和多边体系。① 欧盟对非新战略为未来的欧非伙伴关系规划了一份全面框架，促进双方实现共同目标并应

① European Commission，“EU paves the way for a stronger，more ambitious partnership with Africa”，https：//ec. europa. eu/commission/presscorner/detail/en/IP_ 20_ 373，2020 - 5 - 2.

对全球挑战。此次欧盟对非战略调整具有如下特征。

第一，对非新战略与冯德莱恩的施政纲领一脉相承，欧盟内外政策一致性增强。冯德莱恩曾表示将建立一个强大而团结的欧盟，在欧盟内部推出“绿色新政”，将在应对气候变化和发展数字化方面做出更多努力。欧盟的非洲战略亦新加入并特别关注绿色转型和数字化转型，并指出其将是未来欧非合作的主要目标领域。[①] 欧盟主要成员国在绿色和数字化转型中有较强的技术优势，因此希望将内外政策充分结合，以较低成本维持对非影响力，同时缓解内部问题，促进自身发展。

第二，非洲的地位和重要性得到提升，欧盟倾向于同非洲发展大陆间的“平等伙伴关系”。欧盟新成立的“地缘政治委员会”认识到，如果欧盟希望成为全球政治的真正参与者，它需要制定强有力且统一的外交政策，与具有竞争力的地区加强关系，并注重发展落后于其他大国的领域，非洲就是最佳选择。[②] 长期以来，欧非关系囿于“援助—受援”模式，通过在援

① Modern Diplomacy, “Explainer: Towards a Comprehensive Strategy with Africa”, March 12, 2020, https://moderndiplomacy.eu/2020/03/12/explainer-towards-a-comprehensive-strategy-with-africa/, 2020－5－4.

② Josep Borrell, “Embracing Europe’s Power”, February 14, 2020, https://www.neweurope.eu/article/embracing-europes-power/, 2020－6－20.

助中附加政治条件干涉非洲国家内政，致使非洲国家对欧盟及其成员国“家长式”的行事作风颇为不满，双边关系发展受限。为此，以冯德莱恩为首的欧盟委员会提出同非洲发展“平等伙伴关系”，试图改善非洲对欧盟的固有印象。“平等伙伴关系”的概念并不新颖，早在2007年《欧非联合战略》推出时已被提出，但缺乏强有力的实际行动。① 目前，欧委会希望在多边主义层面深化与非盟的合作，“平等伙伴关系”能否顺利推进将是双边关系能否获得实质改善的核心因素。

第三，欧盟非洲新战略更加务实，经贸合作地位提升，政治导向弱化且更加隐蔽。欧盟调整对非政策的背后是欧盟作为超国家行为体政治经济实力与国际政治影响力逐渐走弱的无奈。在当前欧盟面临内忧外患、自身认知遭遇挑战的情况下，其已无力维持传统的对非政策，趋向务实是必然结果。新战略以欧盟自身发展重点为出发点，确定了对非政策的优先领域。具体表现在：一是经贸合作得到重点关注，欧盟试图以市场力量强化在非洲的地缘政治影响。从文件内容看，合作领域的前三项与十项行动的前五项均属于经

① Niels Keijzer，Alfonso Medinilla，“Can the EU prioritise both the African Union and the Africa，Caribbean and Pacific group?” European Think Tanks Group，November，2017，https：//ettg. eu/wp-content/uploads/2017/12/ETTG-Brief-Keijzer-Medinilla-November-2017. pdf，2020 -5 -30.

贸领域。虽然经贸合作一直是欧非关系的重要领域，但此前欧非《经济合作伙伴协定》谈判进展缓慢，且欧盟对非政策更多关注高政治领域。通过此次战略调整，欧盟希望以其市场体量与技术优势增强对非影响。二是政治导向逐步弱化，但重要性不减，将以更隐蔽的方式出现在对非政策中。自 2014 年欧非峰会以来，欧盟对人权、民主和良治等政治导向的强调便开始弱化，到 2017 年欧非峰会中更是将人权和民主等隐藏在和平、安全与良治的合作框架下。[①] 此次对非新战略也反映出欧盟对规范性外交的直接追求下降，转而关注解决自身问题。未来欧盟附加政治条件的行为将变得更加隐蔽。

欧盟非洲新战略充分反映出百年未有之大变局下欧盟为克服身份困境，维持国际影响所做出的巨大调整与努力。然而，该战略依然存在诸多问题与局限。

其一，欧盟非洲新战略虽展现了政治雄心，但几乎每一项合作领域都存在问题，诸多目标缺乏明确且有资金支持的行动。欧盟非洲新战略明确了欧非双方的共同利益，包括发展绿色经济、改善商业环境、推进教育、维护多边主义等八项内容，几乎覆盖了双边

① AU-EU, "Investing in Youth for Accelerated Inclusive Growth and Sustainable Development", Declaration of African Union and European Union Summit 2017, https://www.consilium.europa.eu/media/31991/33454-pr-final_declaration_au_eu_summit.pdf, 2020 -6 -2.

关系的各个领域。新战略看似宏大而美好，实则存在诸多隐患。例如，绿色转型在欧盟内部便引起了较大争议（波兰等对传统能源产业依赖较强的国家对此表示抵制），而且鉴于非洲正处于工业化起步阶段，绿色经济并非当前的迫切需求，该议题恐长期停留在文件共识层面；数字转型合作依然缺乏明确的计划，弱势群体获得数字化服务的权利无法保障，同时在非洲快速推行电子政务合作也是不切实际的①；通过私人领域的投资以促进增长和就业的举措存在困难，非洲最不发达国家（LCDs）几乎无法募集到所需资金。同时，饱受诟病的分区域经济伙伴关系协定（EPAs）推进困难，面对非洲大陆自贸区的成立，欧盟对非贸易合作亟须新的突破。此外，新战略最大的问题是欧元区整体经济疲软以及英国“脱欧”带来100亿欧元的资金缺口使欧盟2021—2027年的多年度财政框架（MFF）谈判存在较大分歧，对非相关政策与行动必将受到资金短缺的影响。

其二，非洲新战略提出的合作与行动以欧洲为中心，忽略了非洲国家的差异性，并且对非盟与成员国关系的认知存在偏差，欧非双边合作难有实质进展。对非政策的欧洲中心主义一方面体现在欧盟提出的五

① Miriam-Lena Horn, “The EU's Africa strategy falls short”, April 1, 2020, https://www.ips-journal.eu/regions/africa/article/show/the-eus-africa-strategy-falls-short-4196/, 2020-6-3.

项优先合作领域对内为配合欧委会新政，对外则为维护欧盟利益，对非洲的需求和利益并没有深入思考，也没有顾及非盟 54 个成员国巨大的差异性。具体而言，提出绿色转型合作是为配合欧盟到 2050 年成为第一个实现“碳中和”的大陆的计划；提出数字化转型、可持续增长与就业则为助推欧盟引领行业标准，带动经济增长，以市场力量继续推行欧盟规范；而安全和移民问题则关乎欧洲大陆的稳定。以上种种都没有提及非洲国家间的发展差异。另一方面，欧盟在处理对非关系中，以欧洲中心主义审视非洲，对非洲的认知存在偏差与误区。尽管欧盟和非盟的结构看起来相似，但欧洲和非洲一体化的发展方式却存在根本差异。非洲一体化从根本上建立在进行协商的政府间逻辑基础上，因此非盟的决议在实施中需协调成员国的优先事项与次区域动态。① 而欧洲通常认为，非盟是得到非洲国家授权的超国家组织，会根据已签署的协议直接代表非洲开展行动。认知偏差导致欧非伙伴关系设定的诸多合作目标难以得到有效落实。在非洲新战略中，欧盟依然更倾向于同非盟建立合作关系，对于非盟及其成员国之间的利益差异问题没有提出解决

① Alfonso Medinilla, Chloe Teevan, “Beyond Good Intentions: the New EU-Africa Partnership”, ECDPM, Discussion Paper, No. 267, March, 2020, p. 4.

办法。

其三，非洲新战略仍努力维护西方模式，“真正平等伙伴”难以实现。此次欧盟调整对非战略并反复强调非洲的重要性，确实为欧非关系带来了新内容与新契机。但归根结底，政策的实质依然是维护西方模式对非洲的影响。对非关系中的西方模式建立在官方发展援助体系与西方价值体系基础之上。多年来，欧盟通过带有政治导向的发展援助，控制着非洲国家的公共服务领域，并影响着受援国政治经济政策的制定，还在西方价值观下培养了一批非洲的政治精英，增强了欧盟的软实力。① 尽管近几年政治导向的重要性下降，但其背后所代表的欧洲规范、价值以及模式并不会被欧盟轻易放弃。冯德莱恩提出“技术主权”概念，认为这是欧洲必须具有的能力，即必须根据自己的价值观并遵守自己的规则来做出自己的选择。② 在非洲新战略中，欧盟试图通过以技术优势制定国际行业标准，通过与非洲进行数字化转型方面的合作继续输出欧盟的规范与价值。由此可见，欧盟对非政策的核心思想并没有发生本质变化，发展欧非伙伴关系仍要

① 程诚：《“一带一路”中非发展合作新模式：“造血金融”如何改变非洲》，中国人民大学出版社 2018 年版，第 50 页。

② Ursula von der Leyen，“Shaping Europe's digital future”，Feburary 21，2020，https：//moderndiplomacy. eu/2020/02/21/shaping-europes-digital-future/，2020 -6 -7.

在欧盟的话语体系与主导之下。在当前欧非实力依旧悬殊的情况下，欧盟提出的“真正平等伙伴”无从谈起，新战略的效果将大打折扣。

2. 新冠肺炎疫情对欧非关系的影响

欧盟对非洲新战略于新冠肺炎疫情进入全球大流行之前发布，并没有考虑到疫情对世界以及欧非双方带来的深刻影响。自2020年年初至今，全球疫情已有近两年之久，但仍然没有看到结束的曙光。

新冠肺炎疫情对国际社会带来的影响是深远的，对欧盟和非洲均产生重要影响。第一，新冠肺炎疫情对世界经济造成灾难性打击，非洲国家首当其冲，欧洲国家亦不能幸免。在疫情暴发之初，非洲国家迅速反应，纷纷采取了严格的管控措施，加之非洲人口结构中年轻人占绝大多数，因此在感染和死亡人数方面要远低于世界其他地区。但疫情对非洲的发展的冲击十分巨大。据国际货币基金组织的预测，2020年撒哈拉以南非洲地区经济将萎缩3.2%。非洲开发银行的数据显示，2020—2021年，非洲GDP预计累计损失将达到1731亿—2367亿美元。疫情引发通胀的风险突然上升，扩张性财政支出可能导致财政赤字翻倍、主权债务附带将进一步加重，同时存款和外国直接投资存在骤降的风险。[①] 联合国贸发会议指出，到目前为止，最不发达国家尚未受到当前卫生紧急事件的最严重影响，但新冠肺炎疫情对它们的经济造成了损害，可能吞噬可持续发展方面的进展，加剧根深蒂固的不平等，并可能导致长期损害。[②] 鉴于非洲是极端贫困人口最集中、贫困率发生最高的地区，经济下行将重创非洲减贫事业。据世界银行的数据，在基准情景下，全球在2020 年将有 7100 万人陷入极端贫困，而在下行情境下，这一数字将达到 1 亿[③]，其中绝大多数发生在非洲。欧洲方面，据世界银行发布的《全球经济展望》相关数据显示，新冠肺炎疫情的全球大流行引发了继第二次世界大战以后最严重的全球经济衰退，发达经济体在 2020 年的经济增长率跌至 –5.4%，而欧洲区域作为最大的官方发展援助提供方，经济萎缩至罕见的7.4%。[④] 尽管全球经济将在 2021 年有所复苏，达

① African Development Bank, "African Economic Outlook 2020 Supplement: Amid COVID-19", https://www.afdb.org/en/documents/african-economic-outlook-2020-supplement, 2020 – 12 – 29.

② 联合国贸发会议：《2020 年最不发达国家报告：新十年的生产能力（概述）》，联合国网站，https://unctad.org/system/files/official-document/ldcr2020overview_ch.pdf，2020 – 12 – 30。

③ World Bank, "Projected poverty impacts of COVID-19", https://www.worldbank.org/en/topic/poverty/brief/projected-poverty-impacts-of-COVID-19, 2020 – 12 – 30.

④ World Bank, *Global Economic Prospects*, Washington, D.C., January 2021, p.4.

到4%的增长率，但欧盟向非洲提供的官方发展援助总额的持续下行将成为大概率事件。

第二，新冠肺炎疫情重创全球治理体系，国家间政治回归，非洲面临困境，欧非关系的可持续性一度遭遇打击。疫情之下，民粹主义势力抬头，各国政府面临的首要问题变成抗击疫情、维持经济发展和政权稳定，参与全球发展治理成为次要选项。基于此，官方发展援助越来越多地受到“本国利益优先”原则的影响，援助的“发展”属性遭到严重破坏。西方主导的官方发展援助在实施过程中长期附带政治条件，尽管发展有效性已成为全球共识，但疫情带来的冲击可能导致官方发展援助优先评估援助方的利益，附带更多隐形条款，并持续忽视非洲的需求，给非洲发展治理的长远发展和实际收效带来损害。欧盟及其成员国则在新冠肺炎疫情、大西洋伙伴关系恶化和英国脱欧等多重打击下无力在非洲发展治理中发挥更大的作用。针对非洲呼吁的1000亿美元救助计划，欧盟仅决定将32.5亿指定用途的欧元投入非洲（撒哈拉以南非洲20.6亿、北非11.9亿），欧洲可持续发展基金（EFSD）将提供14.2亿欧元贷款。[①] 这些资金均来自

① Benjamin Fox, “EU Unveils 15bn COVID Rescue Plan, But Includes no New Money”, https://www.euractiv.com/section/africa/news/eu-unveils-e15bn-covid-rescue-plan-but-includes-no-new-money, 2020-12-28.

已有预算，欧盟尚未提供新的款项，且附加诸多限制条件，与非洲的需求仍有较大差距。[①]

此外，联合国与20国集团等首要全球治理平台领导作用有限，缺乏强有力的应对手段，使得非洲问题更加边缘化。以世界卫生组织为例，其一直存在能力赤字问题，具体表现在全球突发公共卫生危机应对机制迟缓、协调机制碎片化、过度依赖自愿捐款财政而导致自主决策边缘化等方面。[②] 在非洲，世界卫生组织更多发挥政策引导和建议的作用，具体治理行动的开展及其效果取决于非洲国家自身的治理能力。20国集团在全球发展治理方面的合法性获得和机制化建设也存在短板。在面对新冠肺炎疫情这一涉及面广泛的议题时，20国集团相互评估机制难以发挥作用，成员的代表性和进程的开放性也暴露出更多问题，致使开展统一行动的难度增大，合法性挑战增加，诸如20国集团成员在非洲减债的具体议程上就存在不同意见。

第三，新冠肺炎疫情催生了欧盟与非洲国家的团结与自救，使得未来欧非可能形成更加团结的地区行为体，着力发展大陆对大陆间的关系。在疫情暴发之初，欧洲民众希望欧盟发挥领导作用，管控边境，集

---

① 赵雅婷：《〈科托努协定〉续订谈判与欧非关系前瞻》，《国际论坛》2021年第1期。

② 晋继勇：《新冠肺炎疫情防控与全球卫生治理——以世界卫生组织改革为主线》，《外交评论》2020年第3期。

中调配资源应对疫情扩散，但实际欧盟的应对能力非常糟糕，使其合法性与行动力遭到空前质疑与挑战。在意大利疫情最艰难的时刻，各成员国仍在“自扫门前雪”，令意大利民众非常失望。德国《明镜周刊》报道称：意大利国内掀起“反欧盟潮”，意大利 2020 年 3 月的一项民调显示，88% 的意大利人认为，意大利是“欧洲的弃儿”，67% 的人认为意大利的欧盟成员国身份是一种劣势。4 月初的民调显示 53% 的意大利人做好了脱离欧元区或欧盟的准备。[①] 但随着时间的推移，欧盟多层治理模式逐渐发挥作用，在整体层面协调相关利益、整合资源、分配物资，重新团结欧洲各国，使得欧洲抗疫取得一定的成效，欧盟模式的韧性也在此体现。其中最具代表性的是，2020 年 7 月，欧盟成员国就多年度财政框架（MFF）达成一致，其中最亮眼之处在于欧盟将实行“史上最强”经济刺激计划。按照最终达成的协议，欧盟 2021 年至 2027 年长期预算金额为 1.074 万亿欧元，比上一个七年财政框架多出 1100 多亿欧元。在预算基础上设立总额 7500 亿欧元的复苏基金，由欧盟各国联合发行欧洲公债，从而使欧盟未来能够使用的财政工具总规模高达 1.8 万亿欧元。在复苏基金中，3900 亿欧元可用作无偿拨

① 杨娜：《欧洲模式的韧性：新冠肺炎疫情与欧盟卫生治理》，《外交评论》2020 年第 6 期。

款，3600 亿欧元作为低息贷款。①

非洲方面，新冠肺炎疫情导致非洲更加孤立无援，但却催生了自主意识的进一步觉醒，虽然这种觉醒在多大程度上能够发挥实际效果仍然存疑，但仍不失为有意义的尝试。2020 年 4 月，百位非洲学者署名发表《致非洲领导人的公开信》，其中指出当前国际秩序的快速变化使得非洲的发展障碍重重，但非洲情况与西方国家不同，应着重关注“紧急状态”之后非洲应该如何结合本土的社会语境重新思考国家治理、司法公正、权力平衡与泛非合作。② 为此，非洲知识界提出“第二次非洲独立”，认为不应再去乞求援助，应提升经济实力，发展自身独立的医疗卫生系统。此外，非盟、非洲疾控中心、非洲开发银行以及非洲同行审查机制均纷纷行动起来，协调利益纠纷与物资，并向成员国提供资金支持。例如，在世卫组织宣布新冠肺炎疫情进入全球大流行期后的短短一个月内，非洲开发银行拿出超过 130 亿美元资金以帮助非洲大陆应对危机。其中 30 亿美元通过发行债券的方式向社会募集资

---

① EU, *The EU's 2021 - 2027 Long-term Budget and Next Generation EU*: *Facts and Figures*, Luxembourg: Publications Office of the European Union, 2021, p. 7.

② ZAM Reporter, "African Intellectuals Call for Second Wave of Political Independence", https://www.zammagazine.com/perspectives/blog/981-statement-african-intellectuals-call-for-second-wave-of-political-independence, 2020 - 10 - 5.

金，100 亿美元为应急资金，帮助非洲国家和私营组织渡过难关。[①] 截至 2020 年年底，非洲开发银行根据不同问题划拨专项资金，已为 44 个非洲国家提供支持。

受疫情影响，原定于 2020 年 11 月在布鲁塞尔召开的第六届欧非峰会被迫推迟，《科托努协定》续订谈判也受到影响。尽管如此，欧非双方在疫情之下对双边关系均进行了全面审视，彼此需求度高，未来双边关系仍将得到持续地推进与维护，但或发生些许实质性改变。

疫情发生后，欧盟仍然试图积极对话，试图与非洲建立全新伙伴关系，为后疫情时代维护欧盟在非洲的影响力奠定基础。2020 年 6 月 30 日，欧盟理事会通过了一项关于非洲的决议，重申加强欧非伙伴关系具有至高无上的重要性。[②] 全文分为三个部分，首先其指出一个繁荣、和平与有较强韧性的非洲是欧盟所愿。双边关系应侧重多边主义，和平，安全与稳定，包容性发展以及可持续的经济增长。其次，欧盟理事会提

---

① African Development Bank, "African Development Bank Group unveils $10 billion Response Facility to curb COVID-19", https: //www. afdb. org/en/news-and-events/press-releases/african-development-bank-group-unveils-10-billion-response-facility-curb-covid-19-35174, 2021 -1 -10.

② Council of European Union, "Africa-Council conclusions", https: //www. consilium. europa. eu/media/44788/st _ 9265 _ 2020 _ init _ en. pdf, 2021 -4 -5.

出了未来欧非关系所覆盖的 9 大发展领域作为优先关注事项。最后决议强调了欧盟将听取各方意见，推进欧非伙伴关系向着共同目标迈进。

2020 年 12 月 9 日，欧非领导人小规模视频峰会被临时取消，说明双方在诸多议题上仍存分歧。经过长达两年半的博弈，欧盟与非加太国家组织于 2021 年 4 月 15 日宣布《科托努协定》续订谈判结束，达成全新的《欧盟及其成员国与非洲、加勒比和太平洋地区国家组织伙伴关系协定》（以下简称《伙伴关系协定》），设定了未来 20 年双方在政治、经济、安全、社会等多领域的全面合作框架。目前，协定进入成员国审批环节，计划于 2021 年 11 月在萨摩亚签署并正式生效。

全新的《伙伴关系协定》拥有一份独立的非洲区域协定，较之前的《科托努协定》有较大变化，主要体现在：其一，洛美—科托努的传统关系模式已在实质上发生变化，对双边关系的影响下降，此次续签与存在很大程度上基于历史惯性以及利益博弈。其二，欧盟对非加太国家的援助工具发生变化。新设邻国、发展与国际合作政策工具（NDICI），取代了欧洲发展基金以及其他 10 个欧盟外部金融工具，统一管理欧盟发展援助资金。其中，291.8 亿欧元将投入撒哈拉以南的非洲地区、8 亿欧元给予加勒比地区，500 万欧元则流向太平洋岛国。其三，加入可持续发展、气候变化和数字化等双方均关注的内容。欧盟主席冯德莱恩在 4 月 23 日召开的非洲绿色投资欧非论坛开幕式中明确表示，支持非洲建立同欧洲类似的“绿色新政”，以此推动非洲复苏。其四，针对移民和性别平等问题达成了一定的共识。协定对合法移民以及遣返和重新接纳移民的保护与管理进行了更细致的论述，并包括关于遣返和重新接纳的完整程序附件。此外，协定中在人权部分加入大量禁止性别歧视（包括不以性取向为由的歧视）以及保护妇女权益等内容。

与此同时，新协定对此前协定有所保留。一是《伙伴关系协定》仍然是发展合作与政治对话工具；二是对人权、民主和良好治理等西方价值观的认同再次得到肯定，不履行条款依然存在；三是非洲方面依然是针对撒哈拉以南非洲的，基于双边关系，非盟仍然被排除在外；四是《经济伙伴关系协定》（EPA）依然是贸易合作的基础政策。

二　欧盟与非洲合作的领域和效果

虽然欧盟与非洲的关系始于欧共体时期，但在欧盟成立之前，欧共体与非洲的关系主要集中在援助领域，成员国则分别制定对非政策，彼此差异性很大。欧盟成立后，在一体化领域不断推进，在2000年推出《科托努协定》并召开了首届欧非峰会，标志着欧盟对非合作在各领域的全面展开。因此，本部分探讨欧盟与非洲合作的领域主要侧重21世纪以来的情况。

（一）欧盟与非洲的政治合作

《科托努协定》以及欧非首脑峰会机制的建立确定了欧盟与非洲合作的全面政治框架。2007年出台的《欧非联合战略》（JEAS）对双边政治领域的合作具有划时代意义的推动作用。2009年《里斯本条约》生效后，欧盟在一体化方面有了巨大进展，其在对非政治合作方面有了更大的自主权。

1. **欧盟与非洲政治合作的制度设计**

2007 年出台的《欧非联合战略》为欧盟与非洲间的政治沟通与各项合作规划了完整的制度框架。各国政府、欧盟委员会、欧洲议会及其他机构到民间社会均被包含在双边协调与合作机制内。具体参见下图：

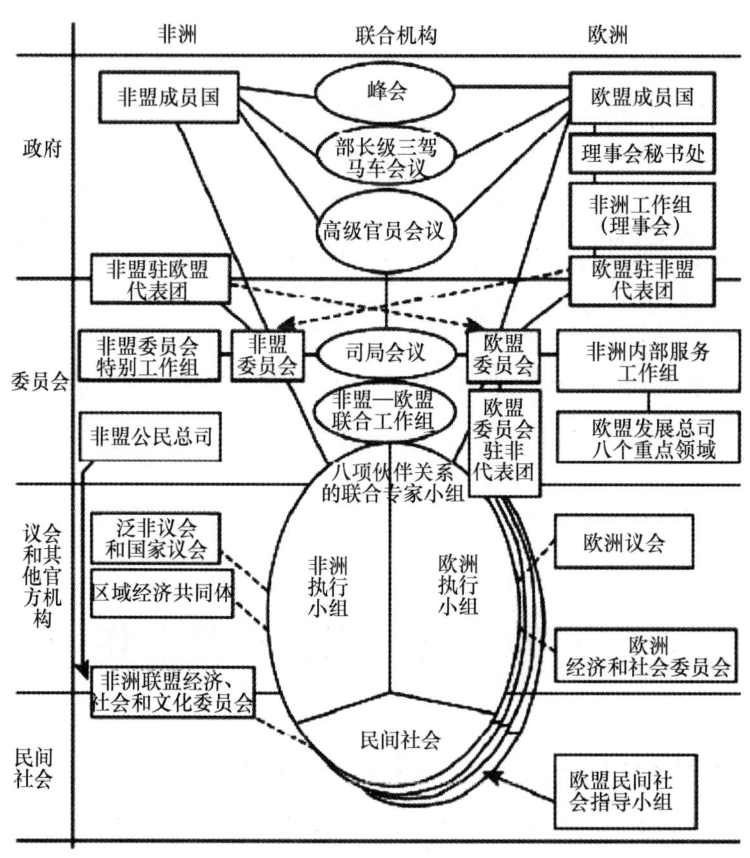

图 1　《欧非联合战略》框架下的欧非合作机制

资料来源：Veronica Tywuschik and Andrew Sherriff, "Beyond Structures? Reflections on the Implementation of the Joint Africa-EU Strategy", ECDPM Discussion Paper 87, 2009.

由图1可见，《欧非联合战略》设计了参与者众多且相互交织的互动网络。该机构的设计初衷是为了相关利益方能够就共同关心的问题进行更加深入的交流与对话。为了共同实施《欧非联合战略》及其行动计划并进行监督，欧盟和非洲举行了不同级别的会议，其中包括大量正式和非正式架构，这些架构已成为《欧非联合战略》制度格局的一部分。

从图1展示的各项合作机制中可见，联合专家小组是最具创新性的机构。在欧盟三驾马车的指导下，联合专家小组的活动有助于推进《欧非联合战略》的实施，它在各个领域设置开放论坛，以确定伙伴关系的优先行动、讨论协调问题、动员行动者以及寻求资源和联合立场。联合专家小组举行的开放论坛将彼此的需求放在首位进行讨论，为欧非政治合作开辟了新的对话空间。

欧非委员会联合工作组（C2C）则通过每六个月召开一次会议加强了欧盟与非盟委员会之间的定期沟通。该工作组汇集了来自非盟委员会、欧盟委员会和欧洲理事会秘书处处理“第二支柱”事务的工作人员，其中包括《欧非联合战略》及其行动计划。在2007年之后，工作组在欧非关系发展中发挥着愈加重要的作用。在联合工作组的每项议题中，均设立牵头国家，这有助于在早期通过完善的准备和议程设置，更加清晰地确定优先事项，并保证项目实施的连续性。[①]

此外，欧非领导人峰会和部长级三驾马车会议成为监督《欧非联合战略实施》的重要机构，三驾马车会议通过不同轮值主席国的参与，有效扩大了《欧非联合战略》关注的议题，开启了欧非之间就金融危机、国际刑事法院、全球性政治问题等超越非洲区域外问题的对话与交流。

2. **欧盟与非洲政治合作的具体内容**

2000 年签署的《科托努协定》中，欧盟首次提出与非洲发展全面平等的政治伙伴关系，标志着欧盟作为独立国际行为体，试图建设和发展全新欧非关系。同一年，首届欧非峰会召开，截至 2021 年 11 月已经召开五届，形成了一种以“多边对多边”的对非合作模式。欧非政治合作的内容亦由历届欧非峰会所主导。

（1）第一届欧非峰会：形式大于内容

2000 年 4 月 3—4 日，欧盟与非洲统一组织在开罗召开了首届欧非领导人会议，双方基于“平等、尊重、团结和合作”的精神，发表了《开罗宣言》及其行动

① AU-EU, “First Action Plan (2008 - 2010)”, 31 October, 2007, https: //africa-eu-partnership. org/sites/default/files/documents/jaes _ action _ plan_ 2008 - 2010. pdf, 2021 - 2 - 3.

计划。在总体性介绍后，宣言第二和第三部分属于经济领域，关注非洲经济发展与区域经济一体化，以及助推非洲经济融入世界经济体系。其中，欧盟明确提出："我们重申致力于在以规则为基础的多边贸易体制框架内实现贸易自由化，所有国家都应从中受益。我们建议所有尚未加入世贸组织的国家考虑加入世贸组织。我们坚信，新一轮多边贸易谈判应考虑到包括非洲在内的发展中国家的特殊制约，推动它们顺利、逐步融入世界经济。在这方面，我们同意合作以确保在多边贸易谈判框架内特别关注对发展中国家，特别是非洲具有出口利益的产品，包括加工农产品。"① 除贸易外，宣言还谈及私人领域、投资、资源、基础设施、科学技术、外部债务以及国际合作等问题。

宣言第四部分为"人权、民主原则与制度、良好治理和法治"。这是继《科托努协定》明确发展援助的政治条件性后，欧盟再次在双边关系中明确对保护人权、尊重民主和推行良治等欧洲规范的推崇。此外，该部分还提及了移民、难民和离散者的管理和保护原则。

第五部分为"和平建设、冲突预防、管理与解

① EU, "Africa-Europe Summit under the Aegis of the OAU and the EU Cairo, 3 - 4 April 2000", https://ec.europa.eu/commission/presscorner/detail/en/PRES_ 00_ 901, 2021 -2 -4.

决”。主要强调了双方对于和平与安全以及战后重建的重视，还论述了恐怖主义、轻小武器扩散以及核扩散等议题的共识。第六部分是“发展问题”，重点关注可持续发展议程下非洲的减贫、教育、健康、食品安全、毒品走私与泛滥、文化合作等议题。

首届欧非领导人峰会形式大于内容，虽然在这次会议中欧非双方均存在一些分歧，但会议的召开就是巨大的成功。欧盟非洲首脑会议成为欧盟与整个非洲大陆对话的重要平台。《开罗宣言》对双方关注的议题发表了框架性的政策立场，与联合国倡导的国际准则和规范是相一致的。

但是，由于此时非洲仍然被视为“世界良心的一块儿伤疤”，非洲对于欧盟的吸引力有限，欧盟在非洲的利益主要侧重维持对非传统影响，以规范性力量塑造非洲价值观，施加软力量的影响。与此同时，1997年《阿姆斯特丹条约》通过后，欧盟委员会（European Commission）和欧洲议会（European Parliament）被赋予更多权利，超国家性增强。但欧盟外交政策依然由主要成员国主导，欧盟机构缺乏自主决策力。

上述问题直接导致原本定于2003年召开的第二届欧非领导人峰会由于英国与津巴布韦关系的恶化而被迫搁浅。早在第一次会议中，布莱尔政府与穆加贝政府就争吵不断。随着2002年穆加贝再次当选总统及英津矛盾的不断升级，第二届峰会即将召开前，以英国为首的一些欧盟国家反对津巴布韦参与会议，声称若穆加贝前来参会，布莱尔则拒绝出席。面对这样的情况，南非等非洲国家明确表示，“不存在没有津巴布韦的非洲大陆，非洲不可分割。我们不能容许他人挑选合作对象”。赞比亚总统姆瓦纳瓦萨甚至表示，如果欧盟不允许津领导人参加峰会，他将抵制该会议，其他非洲领导人也会这样做。[①] 非盟也提出希望西方国家在该问题上一视同仁。由于双方僵持不下，会期一拖再拖。当 2007 年葡萄牙再次成为轮值主席国时，才极力促成了第二届会议的召开。即便如此，布莱尔的继任者布朗也拒绝亲自参会。

由此可见，在《里斯本条约》生效之前，欧盟虽在形成统一对非政策、发展与非洲大陆的全面伙伴关系方面不遗余力，但迫于欧盟的自身问题与现实情况，其对非政策不可避免地受到欧盟主要成员国的影响。因此，欧盟便从一般性、规范性以及综合性的角度，与非洲沟通，试图以政治共识推进具体领域的合作。

（2）第二届欧非峰会：欧非关系的重大调整与突破

2007 年 12 月 9 日，第二届欧非首脑峰会在经历多方协调后，在葡萄牙首都里斯本召开，会议旨在将非

① 裴广江：《欧非峰会：思路不转 僵局难开》，《人民日报》2007 年 10 月 9 日。

洲—欧盟关系置于全新平等地位，以携手应对共同关心的挑战和机遇。2002 年，非盟取代非统，标志着非洲一体化进程取得了重要进步。2005 年，欧盟推出了首份对非洲战略文件。在此背景下，2007 年里斯本峰会的召开对于欧盟与非洲间政治关系的推进具有划时代的意义。欧盟和非洲联合发布《里斯本宣言》，鉴于欧非双方的变化，二者将在国际舞台寻求更紧密的合作。《非洲—欧盟战略伙伴关系——非欧联合战略》及《2008—2010 第一个行动计划》也在此次会议中推出。

欧盟首次确定了对非政治合作的原则，即欧非伙伴关系及其进一步发展将遵循非洲统一，非洲与欧洲相互依存，自主权和共同责任，尊重人权、民主、法治以及发展权利的基本原则。同时也明确了欧非合作的四个长期目标：（1）加强和提升非洲—欧盟政治伙伴关系，以解决共同关心的问题，包括加强机构联系和应对共同挑战，特别是和平与安全、移民与发展以及清洁环境。为此，双方将把非洲视为一个整体，提升非欧政治对话水平，打造以非盟和欧盟为中心的强大、可持续的大陆间伙伴关系。（2）加强和促进非洲的和平、安全、民主治理和人权、基本自由、性别平等、可持续经济发展，包括工业化以及区域和大陆一体化，并确保非洲国家在 2015 年前实现所有的千年发展目标（MDG）。（3）共同促进和维持有效的多边主义体系，使其拥有强大、有代表性和合法的机构，推动联合国（UN）系统和其他主要国际机构的改革，应对全球挑战和人权等共同关切。具体包括儿童权利和性别平等、公平贸易、移民、艾滋病毒/艾滋病、疟疾、结核病和其他流行病、气候变化、能源安全和可持续性、恐怖主义、大规模毁灭性武器的扩散以及小武器和轻武器的非法贩运以及信息通信技术、科学、技术和创新等知识型社会问题。（4）为推动和促进基础范围广泛的以人为本的伙伴关系，非洲和欧盟将赋予非国家行为体权力并为其创造条件，使它们能够在发展、民主建设、冲突预防和后冲突重建过程中扮演积极的角色。与民间社会、私营部门和当地利益相关者就本联合战略所涵盖的问题进行持续对话将是确保其实施的一个关键组成部分。①

在以上目标的指导下，双方明确了欧非伙伴关系的八大优先合作领域：和平与安全，民主治理与人权，贸易与区域一体化，千年发展目标，能源，气候变化移民、流动和就业以及科学、信息社会与空间。在行动计划中，欧盟与非洲在每一项合作领域下对各方参与主体、优先合作行动、预期效果及资金来源均有较

① AU-EU, "The Africa-EU Strategic Partnership: A Joint Africa-EU Strategy", https://africa-eu-partnership.org/sites/default/files/documents/eas2007_ joint_ strategy_ en. pdf, 2021-4-3.

为明确的表述。

此次峰会正式确立了大陆对大陆间的政治合作伙伴关系，实现欧非战略伙伴关系的机制化。此后欧盟与非洲的各项合作均被置于《欧非联合战略》的大框架下予以讨论和调整，并明确了三年召开一次首脑峰会的制度。

（3）第三届欧非峰会：延续与微调

第三届欧非峰会于 2010 年 11 月 29—30 日在利比亚的黎波里举行，此次峰会的主题是“投资，经济增长和创造就业机会”。非洲和欧盟的国家元首和政府首脑通过了《的黎波里宣言》和 2011—2013 年行动计划，再次承诺共同抓住新机遇，开展更广泛的互利举措。该宣言反映了双方在确定的优先合作领域取得的进展和在非洲实现千年发展目标的决心。

2008 年国际经济危机爆发，使全球发展进程遭遇挫折，也导致欧非关系变得更加敏感，非洲明确提出需要在全球治理体系中拥有更加公平的代表权。在联合宣言中，欧非双方对非洲的关切予以肯定，进一步提出双方致力于促进私营部门成为包容性和可持续经济增长的关键驱动力，以及提供更平等和平衡发展的重要参与者。① 同时，2010 年将是非洲和平与安全的

① AU-EU, “Tripoli Declaration-3rd Africa EU Summit”, https://ec.europa.eu/clima/sites/clima/files/docs/0043/tripoli_declaration_en.pdf, 2021-4-6.

关键年份，欧盟致力于帮助非洲尽快结束索马里争端。宣言还提出追求人权、民主、良治和法治一直是欧非伙伴关系的共同价值。

在 2011—2013 年行动计划中，欧非双方仍然强调发展八项伙伴关系，但具体优先领域有些许调整。八项伙伴关系分别为：和平与安全，民主治理与人权，区域一体化、贸易与基础设施，千年发展目标，能源，气候变化与环境，移民、流动与就业以及科学、信息社会与空间。此次行动计划中，双方认为，尽管欧盟与非盟委员会共同制定了雄心勃勃的政治合作措施，但《欧非联合战略》并不能仅靠二者实现。因此，为促进行动计划的有效实施，欧盟与非洲在文件中，为国家、区域以及地区间组织均设置了明确的职责以及政治协调与对话机制。

（4）第四届欧非峰会：向移民问题转向

2014 年 4 月 2—3 日，第四届欧非首脑峰会在比利时布鲁塞尔召开，此次会议的主题是“投资于人民，寻求繁荣与和平”，经济和非洲南部地区的安全保障问题是此次峰会的中心议题。此次峰会召开时，欧盟正遭遇主权债务危机，处理外部事务显得力不从心。加之阿拉伯剧变后，大批难民开始涌入欧洲，使得欧盟内部问题更加错综复杂。为此，欧盟在此次峰会中开始关注欧盟内部实际问题，主导欧非政治合作转向更加务实的领域。

此次峰会除发布《布鲁塞尔宣言》外，还发布了2014—2017年合作路线图。在此份路线图中，欧非双方为未来三年的合作确定了五大优先领域，分别是：和平与安全，民主、良治与人权，人类发展，可持续发展、包容性增长和大陆一体化以及全球和新兴问题。与前两届欧非峰会相比，欧非合作领域虽然依然强调安全及政治导向，但对于治理的论述由此前的民主治理变为民主与良好治理，标志着欧盟对于治理概念的调整。

除此之外，此次峰会发布了《欧盟与非洲对于移民和人员流动的宣言》，标志着移民问题首次在欧非政治合作中占据重要地位。宣言在对移民问题的现状和重要性进行陈述后，欧非双方明确表示，未来三年将在移民问题方面关注以下重点领域：（1）承诺加大打击人口贩卖的力度，特别是加强欧非间在预防、保护以及起诉方面的合作伙伴关系。（2）承诺促进全面且有效的合作打击非法移民，以避免因非法移民而导致严重后果，同时保护移民的生命安全。（3）承诺加强移民与发展之间的联系，包括加紧努力大幅降低汇款成本、巩固非洲汇款研究并加强政策框架以促进侨民参与。（4）承诺试图通过更好地组织合法移民和促进大陆之间和大陆内部管理良好的流动来推进移民和人员流动。（5）加强国际保护，包括通过实施保护难民、寻求庇护者和国内流离失所者的国际和区域文书。[①]

（5）第五届欧非峰会：欧盟持续强化维护自身利益

2017 年 11 月 29—30 日，第五届欧非峰会如期在科特迪瓦阿比让召开。此次会议以“为可持续未来投资青年”为主题，并延续上届峰会对移民问题的关注，双方在解决青年就业、管控非法移民和应对安全问题方面进行了深入探讨与合作。

在此次发布的《阿比让联合宣言》中，欧盟与非洲首先对双方共同关注的议题进行了立场陈述，具体而言，第一项议题为增长、投资、基础设施与技能，第二项为韧性、和平与安全，第三项为移民与人员流动，第四项为治理，第五项为气候变化与资源管理。此后，欧非双方为未来三年的合作规划了四项战略合作领域，即投资于人——教育、科学、技术与技能发展；增强韧性、和平、安全与治理；移民与人员流动；为非洲结构性可持续转型调动投资。此次会议中，非盟和欧盟领导人还通过了《关于利比亚移民状况的联合声明》，谴责犯罪集团对移民和难民的不人道待遇。

---

① AU-EU，EU-Africa Declaration on Migration and Mobility，https：//africa-eu-partnership. org/sites/default/files/userfiles/20140401 _ stand _ a-lone_ declaration_ migration. pdf，2021 -5 -2.

欧非双方均对此次峰会寄予重大期望，时任欧盟外交与安全政策高级代表费代丽卡·莫盖里尼认为此次峰会是欧非双方首次以平等方式共同商讨与解决彼此面临的重大问题。[①] 鉴于非洲的人口将在2050年时翻一倍，达到20亿，占世界总人口的四分之一，且绝大多数是年轻人口，这将给非洲带来空前的社会服务与就业压力。由于地缘影响，非洲的人口增长压力势必对欧盟的发展产生制约，因此欧盟务实地提出解决非洲青年就业的问题，实则是为缓解自身面临的移民压力。尽管如此，欧非双方在此次峰会中并没有就移民问题达成实质解决办法。

冯德莱恩接任欧委会主席后，将非洲置于更加重要的政治地位。她宣称："2020年是实现我们与非洲建立更牢固伙伴关系雄心的关键一年"[②]，并于同年2月27日访问了非盟位于亚的斯亚贝巴的总部，3月9日便推出了全新对非战略。然而，受新冠肺炎疫情的影响，原定于2020年召开的第六届欧非峰会持续搁浅。2020年12月9日，欧盟与非盟本计划召开一场小

① Geert Laporte, The AU-EU Abidjan Summit: Is there life beyond migration? ECDPM, 4 December 2017, https://ecdpm.org/talking-points/au-eu-abidjan-summit-life-beyond-migration/, 2021-4-6.

② European Commission, EU paves the way for a stronger, more ambitious partnership with Africa, March 9, 2020, https://ec.europa.eu/international-partnerships/news/eu-paves-way-stronger-more-ambitious-partnership-africa_en.

型的领导人视频峰会，但却在会议召开前被非洲方面拒绝。欧非间政治关系的细微变化是国际环境与欧非自身地位变化的结果。

总体而言，欧盟与非洲的政治合作维持了欧盟对非洲的影响力，取得了些许成效。尤其是欧盟在非洲持续推行的规范性外交，为欧盟带来了诸多利于自身的影响。一是强化了对非影响力，维护了成员国的国家利益。二是切实提高了欧盟的国际政治地位，增强了欧盟规范在世界范围内的认同度。三是人权、民主和良治等价值观已被非洲国家接受和认同，对非洲年轻一代产生持续的影响。在双边政治关系中，非盟在欧非关系中扮演愈加重要的领导角色，加之欧盟受到中国等新兴经济体带来的冲击，非洲逐渐获得了一定的争取自身利益的谈判筹码。未来，欧非政治关系能否持续发展需看欧盟能否展现更多诚意。

（二）欧盟与非洲的经济合作

自地理大发现以来，欧非大陆之间便建立了经济联系。1450—1850 年的 400 年中，西方世界对非洲进行了残酷的奴隶贸易与殖民统治。在这个过程中，欧洲完成了传统的资本积累和第一次工业革命。奴隶贸易被废止后，第二次工业革命兴起，资本主义从原始积累转向资本输出阶段，纷纷在海外建立殖民地。据统计，迟至1880年，非洲大陆约有80%是由自己的国王、女王、氏族和家族的首领以大小不等、类型各异的帝国、王国、村社共同体和政治实体的方式进行统治。[①] 而到了1914年，除了埃塞俄比亚和利比里亚外，整个非洲大陆都沦为欧洲列强统治下大小不等的殖民地。在殖民统治时期，欧洲对非洲殖民地的控制是全方位的。殖民统治的核心是为了获得非洲丰富的人力物力资源以及广袤的市场，为资本主义的快速发展提供支持。为了保障对殖民地的控制以及对资源的获得，殖民统治通常伴随军事入侵，后续还采取严苛的行政手段维持殖民地秩序。

第二次世界大战后，全球殖民体系迅速瓦解。非洲国家取得民族解放运动的胜利，纷纷建立独立主权国家。但由于受到长期殖民的影响，国家统治者在发展经济、管理国家方面均缺乏经验，整个非洲大陆依然积贫积弱。欧洲的前宗主国们亦无法摆脱固有思维，以殖民宗主国式作风处理对非关系仍然是首选。历史惯性迫使欧非双方保持不平等的关系，西欧国家对非洲的控制和影响依然强劲。

---

① ［加纳］A. 阿杜·博亨主编：《非洲通史（第七卷）：殖民统治下的非洲（1880—1935年）》，中国对外翻译出版公司译，中国对外翻译出版公司1991年版，第1页。

维持资本主义经济持续增长是西欧国家继续控制非洲的另一个重要因素。一方面，非洲拥有丰富的人力物力资源，能够为西欧国家提供大量工业生产的原材料。保持对非洲的控制可以保障经济发展的原料需求。另一方面，殖民时期进行的资本输出保障了资本主义经济的持续发展，商品产量大增，市场供应充足。而殖民地由于积贫积弱，购买力弱。从一定意义上说，使殖民地脱离宗主国独立，可以产生更大的消费市场。虽然不再对非洲国家实行直接统治，但欧洲将获得更大的经济利益。

也正是从这一时期起，欧共体通过《罗马条约》《雅温得协定》和《洛美协定》等条约，维系了20世纪后半叶的欧非间的经贸关系。在《洛美协定》生效期间，欧共体与非洲之间实行单方贸易优惠制度。但后来受到世界贸易组织相关条款的影响，到2000年《科托努协定》签订时，对等贸易即自由贸易体制成为主导，开启了欧非经贸关系全新的历史阶段。

1. 欧盟与非洲经贸关系制度

对于撒哈拉以南非洲而言，欧盟主要通过经济伙伴关系协定维系双边贸易活动，尤其是在2000年《科托努协定》通过后。

(1)《科托努协定》与经济伙伴关系协定（EPAs）

《洛美协定》自1973年实行后，影响欧非经贸关系近 30 年，在洛美体系中，欧共体通过援助手段，确保非加太国家出口到欧洲的产品有贸易优惠，并且为其提供财政与技术支持。《洛美协定》中确立了稳定的南北经贸关系，主要体现在：一是该协定为非加太国家提供了稳定的单方贸易优惠；二是该协定是法律文件，任何一方无权随意改变；三是该协定将欧盟与非加太国家的未来发展联系到了一起，给予了彼此发展“伙伴关系”的信心。①

欧盟成立后启动了单一市场（SEM），这使得《洛美协定》中给予部分非加太国家的农产品配额补贴变得不可持续。20 世纪 90 年代中期，关税和贸易总协定（GATT）中两个争端小组裁定欧盟给予非加太国家的香蕉议定书违反规定，其给予加勒比国家更多的补贴导致邻近的其他中美洲国家的香蕉产业遭遇冲击。同时由于欧盟扩大，其需要照顾到更多成员国的经济利益。随后，欧盟多次表态推动非加太国家坚定融入世界经济体系的决心。世贸组织多哈回合启动后，欧盟与非加太国家的贸易关系必须符合世界贸易规范，《洛美协定》中的单方优惠贸易已不再适用。

为此，2000 年的《科托努协定》对欧非经贸关系

① Olufemi Babarinde and Stephen Wright, “Africa-EU Partnership on Trade and Regional Integration”, in Jack Mangala eds., *Africa and the European Union: A Strategic Partnership*, New York: Palgrave, 2013, p. 95.

进行了全新的调整。该协定为欧盟和非加太国家提供了谈判以发展为导向的自由贸易的机会，也被称为经济伙伴关系协定（EPAs）。欧盟宣称其坚定地植根于作为《科托努协定》核心的可持续发展、保护人权和发展合作的目标，同时与世贸组织的相关条款相吻合。经济伙伴关系协定将撒哈拉以南的非洲分为五个区域分别开展贸易谈判，原计划定于2008年全部达成并正式生效。然而在实践过程中，却遭到非洲国家的强烈抵制，谈判进展缓慢。

目前，大多数非洲国家享受免税和免配额的欧盟市场准入。这要归功于经济伙伴关系协定（EPAs）、欧盟普及特惠税制度（GSP）以及除武器外一切都行（EBA）计划，如表1：

表1　欧盟如何推动非洲出口

	EPAs	与北非的贸易协定	EBA	普及特惠税制度加（GSP+）	普及特惠税制度（GSP）
欧盟市场准入	除武器外的所有商品均可免税和免配额准入	免税和免配合准入（农产品和鱼类除外）	除武器外的所有商品均可免税和免配额准入	超过66%的产品实施免税准入	降低欧盟对66%产品的关税
受益方	12个撒哈拉以南非洲国家（+15个签署方等待区域通过）	4个北非国家	32个最不发达国家（LDCs）	1个国家（佛得角），作为一个治理与可持续发展的脆弱发展中国家	2个非洲发展中国家［尼日利亚和刚果（布）］

资料来源：WTO优惠贸易协定与地区贸易协定，2017年11月。

此外，表2反映了欧盟与撒哈拉以南非洲国家在实施经济伙伴关系协定方面的最新进展。

表2 欧盟与非洲国家经济伙伴关系协定（EPAs）概况

地区	现状	下一步计划
中部非洲地区	作为该地区唯一的国家，喀麦隆于2009年1月15日签署EPA。欧洲议会于2013年6月同意。2014年7月，喀麦隆议会批准该协议，并于2014年8月4日临时适用该协议。关税自由化于2016年启动，2019年进入第四阶段。EPA委员会于10月28日召开了一次特别（虚拟）会议，讨论喀麦隆最近采取的单方面措施暂停其关税淘汰。这次会议之后，喀麦隆以信函形式同意在2021年1月1日前恢复其承诺 EPA委员会第五次会议于2021年4月26—27日举行。双方同意就原产地规则协议的讨论达成一致，敲定第一份EPA执行情况监测报告，讨论了协议中交会条款涵盖的配套措施和新的谈判领域	欧盟方面同意向喀麦隆发送书面提案，以完成原产地规则议定书的谈判
西非地区	与科特迪瓦的EPA于2008年11月26日签署，2009年3月25日获得欧洲议会批准，2016年8月12日获得科特迪瓦国民议会批准，并于2016年9月3日临时适用。EPA委员会于2019年11月27—28日在阿比让举行，以监督协议的实施和相关问题。还与私营部门和科特迪瓦当局举行了边会。有效自由化于2019年12月6日正式开始 与加纳的EPA于2016年7月28日签署，加纳议会于2016年8月3日批准，欧洲议会于2016年12月1日批准，12月15日临时适用。EPA委员会与加纳的第二次会议于2019年11月29日在布鲁塞尔举行。加纳于2020年开始关税自由化 2014年6月30日结束了涵盖西非16个国家的区域性EPA谈判。除尼日利亚、毛里塔尼亚和冈比亚外，所有欧盟成员国和13个西非国家于2014年12月签署了EPA。冈比亚于2018年8月9日签署，毛里塔尼亚于2018年9月21日签署，尼日利亚成为西非唯一未签署EPA的国家。毛里塔尼亚和西非经共体于2017年8月9日签署了一项联合协议，以定义该国参与西非经共体的贸易政策，包括EPA	与科特迪瓦和加纳的EPA暂时适用这些协议 与加纳的第三届EPA委员会将于2021年下半年举行 与科特迪瓦的第五届EPA委员会将于2021年下半年举行 区域EPA：经所有缔约方签署后，协议将提交批准

续表

地区	现状	下一步计划
东南非洲地区（ESA）	2009 年，毛里求斯、塞舌尔、津巴布韦和马达加斯加签署了临时 EPA。该协议自 2012 年 5 月 14 日起暂时适用。欧洲议会于 2013 年 1 月 17 日表示同意。科摩罗的临时申请于 2019 年 2 月 7 日开始。首届 EPA 委员会于 2012 年 10 月在布鲁塞尔举行，最近的第八次会议于 2020 年 1 月在塞舌尔举行。海关合作委员会和联合发展委员会也与 EPA 委员会一起举行了会议。双方同意将现有 EPA 的范围扩大到未涵盖的领域。这些所谓的“深化”谈判将包括所有与贸易有关的问题、贸易和可持续发展，以及民间社会和议会的协商机构。升级后的 EPA 将是一个全面的、高端的现代协议 2019 年 10 月，毛里求斯正式启动“深化”现有协议的谈判。双方澄清了与谈判有关的横向问题，并就贸易和可持续发展章节、贸易技术壁垒、农业、服务和投资以及数字贸易展开讨论。迄今已进行了四轮谈判，第一轮谈判于 2020 年 1 月 15—17 日在维多利亚（塞舌尔）举行，最后三轮谈判因新冠肺炎疫情大流行而通过视频会议的方式举行，时间分别在 2020 年 7 月 6—8 日和 2020 年 11 月 24—27 日以及 2021 年 4 月 13—16 日。 在这些轮次中，讨论了以下问题：原产地规则、贸易壁垒、海关和贸易便利化、卫生和植物检疫标准、农业、贸易和可持续发展、服务贸易、投资自由化和数字贸易以及经济和发展合作。所有轮次都在建设性的气氛中进行，使所有主题都取得了进展	关于深化协议的谈判将于 2021 年 7 月（第五轮）继续进行 EPA 委员会第九次会议将于 2021 年在布鲁塞尔举行，日期有待共同决定
东部非洲地区（EAC）	区域 EPA 谈判于 2014 年 10 月 16 日圆满结束。2016 年 9 月 1 日，肯尼亚和卢旺达签署了 EPA。欧盟所有成员国和欧盟也签署了该协议。所有东共体成员都需要签署和批准要实施的 EPA。2021 年 2 月 28 日的东共体峰会表明，虽然并非所有东共体成员都没有准备好签署和批准 EPA，但那些希望实施 EPA 的成员应该能够开始与欧盟接触	欧盟内部目前正在考虑与肯尼亚执行双边 EPA 的方式

续表

地区	现状	下一步计划
南部非洲共同体（SADC）	欧盟于 2016 年 6 月 10 日与由博茨瓦纳、莱索托、莫桑比克、纳米比亚、南非和斯威士兰组成的南共体集团签署了 EPA。莫桑比克的临时申请于 2018 年 2 月 4 日开始。第一次部长级联合理事会于 2019 年 2 月 19 日在开普敦举行，并建立了体制和争端解决框架。安哥拉也于 2020 年正式申请加入。 贸易和发展委员会第六次会议于 2020 年 2 月 19—20 日在布鲁塞尔举行，会议在许多实施主题（例如联合监测、建立联合民间社会平台、触发农业保障措施的水平）方面取得了显著进展。第七次会议于 2020 年 2 月 26 日以视频会议形式举行。双方讨论了未决的联合理事会关于安哥拉加入和修订农业保障门槛的决定。双方继续讨论非国家行为者的参与和监督机制。同意将与批准国际劳工公约和多边环境协定有关的指标包括在内。同时任命了协调员以启动应在 10 月 15 日之前发表的报告的工作	贸易和发展委员会第七次会议后，双方仍需就关于安哥拉的联合决定达成联合结论。第二轮会议将于 2021 年 11 月举行

资料来源：European Commission，Overview of Economic Partnership Agreements，Updated July 2021，https：//trade. ec. europa. eu/doclib/docs/2009/september/tradoc_144912. pdf。表格为笔者根据该资料自行整理而成。

据欧盟宣称，经济伙伴关系协定旨在通过将非加太国家对商品的依赖转向更高价值的产品和服务来实现贸易多元化。它是为适应特定区域情况而量身定制的，并与世贸组织的协定相兼容。它们超越了传统的自由贸易协定，将重点放在非加太国家的发展上，同时考虑到它们的社会经济情况。它们包括合作和援助（在卫生规范和标准等领域），以帮助非加太国家从协议中受益。此外，经济伙伴关系协定还建立联合机构，监督协议的实施并以合作的方式解决贸易问题。它也是变革的驱动力，有助于启动改革并促进良好的经济治理。

尽管如此，非洲绝大多数国家都对欧盟的经济伙伴关系协定持较为负面的态度，导致谈判过程异常艰难。欧盟仍致力于在后续协定框架下继续推进经济伙伴协定谈判，并于 2019 年 12 月发布了谈判命令。[①] 欧盟推出经济伙伴协定的初衷是为维持在非加太地区的贸易份额与经济影响力，同时使这些国家更好地融入国际市场。如该协定达成，非洲国家除 20% 的商品（主要为农产品）被允许保留进口关税外，其余 80% 的商品将在 20 年内逐步取消征收进口关税、全面开放市场。[②] 由于欧非双方在国际贸易中的不对等性，以及缺乏可持续发展影响评估，绝大多数非洲国家拒绝接受该协定。因此有学者认为，就本质而言，经济伙伴协定是布鲁塞尔滥用其谈判力量和援助预算从而孤立非洲国家并迫使它们向欧盟的农民和制造商开放市场的典型例证。[③]

---

① Council of the European Union, Negotiating Directives for the Negotiations of Economic Partnership Agreements with the African, Caribbean and Pacific Countries and Regions, 14899/19 ADD 1, Brussels, December 2019, p. 2.

② 中华人民共和国商务部：《欧盟与非洲经济伙伴关系协定前景黯淡》，2017 年 11 月 29 日，http://www.mofcom.gov.cn/article/i/jyjl/k/201711/20171102678141.shtml。

③ Adedeji Adebajo, "The Travails of Regional Integration in Africa", in Adedeji Adebajo eds., *The EU and Africa: From Euroafrique to Afro-Europa*, London: Hurst & Company, p. 91.

（2）欧盟与北非的自由贸易协定

自20世纪90年代和进入21世纪以来，欧盟与北非国家阿尔及利亚、埃及、摩洛哥和突尼斯签订了双边自由贸易协定（FTA）。根据这些自由贸易协定，大多数商品（非洲国家出口的农产品除外）都享有进入欧盟免税和免配额准入的权利。随着这些协议的建立，尽管北非从欧盟的进口多年来有所增加，但北非的出口却没有遵循同样的模式，相比之下仍然不大。2011年之前，欧盟一直在与利比亚谈判一项贸易协定。然而，推进过程较为曲折。此外，欧盟开始与突尼斯和摩洛哥进行谈判，争取达成更雄心勃勃的协议，该协议被称为深度和全面的自由贸易区（DCFTA），其中包括放弃低等级的自由贸易并开放与欧洲市场的更多一体化。这一新的自贸谈判协定建立在现有协议的基础上，并希望推进商品和服务自由化，以涵盖绝大多数与贸易相关的领域，包括贸易技术壁垒的减少和相近的立法。其还旨在促进欧洲在这些国家的投资。

在实践中，欧盟与突尼斯之间深度和全面的自贸协定谈判进展迅速，在多领域取得实质性进展，直到2019年5月。遗憾的是，自那时起谈判陷入僵局，根据欧盟委员会的说法，这是由于民间社会抗议和政府更迭所致。相比之下，虽然欧盟与摩洛哥的自贸谈判自2014年以来一直处于搁置状态，但双方都承诺在

2019 年重新启动谈判。但与此同时，该协议面临着关于西撒哈拉冲突的重大争议。

针对非洲大陆自贸区的通过和实施，欧盟认为经济伙伴关系协定是促进缔约国及其所在区域和多边经济一体化的连贯驱动力的一部分。欧盟将持续为非洲大陆自贸区的建设提供支持。欧盟贸易政策与包括非洲大陆自贸区在内的非洲联盟政策之间确实存在重要的协同作用。非洲大陆自贸区的实施，长远来看将有望推动在欧盟和非洲之间达成一个全面的大陆间自由贸易协定。①

2. 欧盟与非洲的贸易关系

在经济伙伴关系协定、欧盟普及特惠税制度和除武器外的一切等贸易框架下，欧盟与非洲在经贸领域开展了多项合作。图 2 反映了欧盟与非洲 2010—2020 年的贸易状况。

（1）欧非贸易概况

在 2020 年时，欧盟保持了作为非洲第一大贸易地区的地位。② 由图 2 可知，2010 年欧盟对非进口大于对非出口，贸易逆差为 70 亿欧元。2012 年达到 250 亿欧元。2012—2016 年，从非洲进口大幅下降，贸易逆差变为贸

---

① European Commission，Economic Partnership Agreements（EPAs），September 2018，https：//trade. ec. europa. eu/doclib/docs/2017/february/tradoc_ 155300. pdf，2020 - 5 - 18.

② 以下数据均参考欧盟统计网站（Eurostat）。

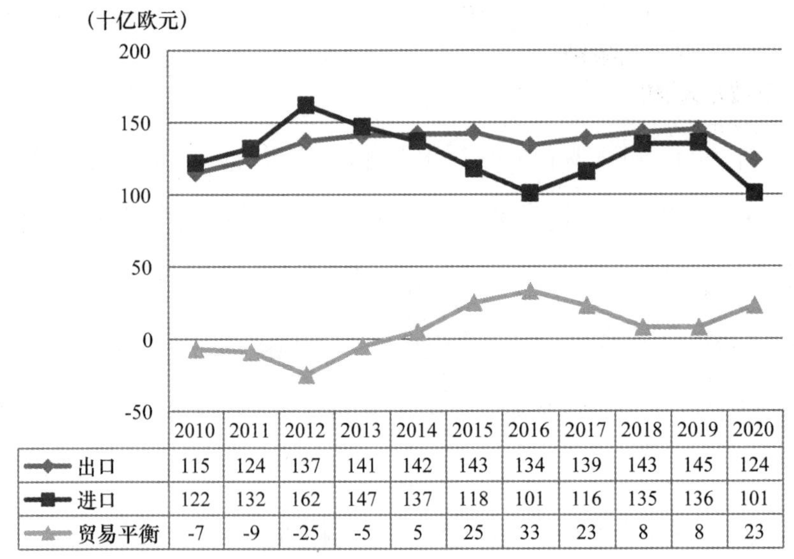

	2010	2011	2012	2013	2014	2015	2016	2017	2018	2019	2020
出口	115	124	137	141	142	143	134	139	143	145	124
进口	122	132	162	147	137	118	101	116	135	136	101
贸易平衡	-7	-9	-25	-5	5	25	33	23	8	8	23

图 2 欧盟与非洲间的进口、出口与贸易平衡（2010—2020 年）

资料来源：Eurostat（online data code：Comext data code：DS-018995）。

易顺差，2016 年达到 330 亿欧元。这一盈余在 2018 年和 2019 年降至 80 亿欧元。2020 年，由于新冠肺炎疫情的冲击，欧盟对非出口下降了 210 亿欧元，而进口下降了 350 亿欧元，贸易顺差增至 230 亿欧元。

欧盟对非出口中，工业制成品占据绝对多数。2010 年，欧盟出口到非洲的商品中有 75% 是制成品。这一份额在 2020 年下降到 70%，而初级商品的份额从 24% 上升到 28%。工业制成品份额下降的主要原因是机械和车辆的份额下降，从 2010 年的 40% 下降到 2020 年的 34%。与此同时，欧盟对非进口中，初级产品份额最高（食品、饮料、原材料和能源）。尽管如此，2010—2020 年，该份额从 77% 下降到 61%，特别是由于能源份额下降，部分原因是石油和天然气价格下跌。同期，制成品的份额从22%上升到37%。这主要是由于机械和车辆的份额从7%增加到16%，其他制成品的份额从13%增加到17%。

（2）分地区的欧非贸易概况

从非洲的不同地区来看，北非是欧盟最大的商品贸易伙伴。欧盟对北非的商品出口从2010年的610亿欧元增加到2020年的650亿欧元，相当于年均增长率为0.7%。东非的增长率最高（3.6%），其次是西非（2.6%）。在此期间，对中部非洲（-3.4%）和南部非洲（-0.2%）的商品出口下降。受疫情影响，对所有地区的出口从2019年到2020年都有所下降。在对非进口方面，欧盟在2010年至2020年间从中部非洲（-3.6%）和北部非洲（-4.3%）的进口下降。南部非洲（2.5%）和东部非洲（2.4%）的增长率几乎相等，而来自西非的进口（1.1%）增长不那么强劲。与出口类似，欧盟从非洲所有五个地区的进口在疫情暴发后均有所下降。

2020年，欧盟与中部非洲（13亿欧元）和南部非洲（4亿欧元）为货物贸易逆差，相比之下，东非（21亿欧元）、西非（34亿欧元）以及北非（193亿欧元）则为货物贸易顺差。过去10年，与北非的贸易差额变化很大，2012年的赤字为175亿欧元，2016年为252亿欧元，2020年为193亿欧元。

（3）欧盟成员国对非贸易概况

按照欧盟成员国国别来看，法国（220亿欧元）、德国（200亿欧元）、西班牙（160亿欧元）、荷兰（160亿欧元）、意大利（150亿欧元）和比利时（110亿欧元）是2020年对非洲最大的商品出口国。塞浦路斯（25.4%）、马耳他（21.6%）和葡萄牙（20.0%）在对欧盟以外国家的出口总额中对非洲的出口份额最高。

2020年，欧盟对非最大的出口国也是非洲最大的商品进口国，但顺序不同。西班牙（190亿欧元）领先，其次是法国（180亿欧元）、德国（150亿欧元）、意大利（150亿欧元）、荷兰（130亿欧元）和比利时（90亿欧元）。在欧盟的总进口中，从非洲进口的份额最高的是葡萄牙（17.2%）、西班牙（15.3%）和法国（10.3%）。

2020年，25个欧盟成员国对非商品贸易实现顺差。其中，德国和法国最高（均为50亿欧元）。其他贸易顺差超过10亿欧元的国家包括荷兰、比利时、瑞典、波兰、捷克、爱尔兰和罗马尼亚。与非洲存在货物贸易逆差的两个国家是斯洛文尼亚（1.11亿欧元）和西班牙（30亿欧元）。[①]

---

① Eurostat, "Africa-EU-international Trade in Goods Statistics", https://ec.europa.eu/eurostat/statistics-explained/index.php?title=Africa-EU_-_international_trade_in_goods_statistics, 2021-6-15.

3. 欧盟对非洲的投资

目前欧盟仍没有一个对非洲投资的统一框架，但有三个主要政策工具主导欧盟对非投资。分别是：1. 非洲—欧洲联盟；2. 外部投资计划（EIP）；3. 与欧洲投资银行相关的工具，例如非加太国家投资机制和外部贷款授权。

其一，非洲—欧洲联盟。该政策工具是容克在 2018 年 9 月提出设立的，它已承诺在 2017—2020 年投入 42 亿欧元，并预计利用 415 亿欧元的新投资（2020 年的预期投资总额为 440 亿欧元）。该联盟的金融支持来自欧盟外部投资计划。其二，外部投资计划。成立于 2017 年，旨在吸引对非洲和欧洲邻国（包括北非以及格鲁吉亚、约旦和摩尔多瓦等其他国家）的私人投资。它最初的希望是打击“移民的根源”，刺激对“更困难”国家的投资。它复制了欧洲“容克计划”的想法，外部投资计划试图使用公共资金来降低私人投资的风险。其包括三个方面，一是通过欧洲可持续发展基金获得融资保证，二是技术援助，三是私营部门的对话和沟通。其三，与欧洲投资银行相关的工具。例如自 2003 年以来根据《科托努协定》提供给非加太国家的投资基金，以及加入投资前的外部贷款授权。这使得欧洲投资银行能够增加其在欧盟以外的贷款，从而通过将其转移到欧盟来降低欧洲投资银行的风险敞口。

在新冠肺炎疫情暴发之前，非洲摆脱了外国直接投资（FDI）持续下降的影响，流入非洲大陆的资金正在稳步上升。尽管就全球而言，总投资仍然很小，但它们对非洲的经济规模来说意义重大。根据联合国贸发会议的数据，非洲前五名的投资接受国是埃及、南非、刚果（布）、摩洛哥和埃塞俄比亚。[①]

尽管埃及和尼日利亚等一些大型经济体的外国直接投资正在萎缩，但其他非洲国家的外国直接投资正在增加，最好的例子是南非和埃塞俄比亚。

从总量上看，在向非洲投资的前十大投资国（以资本计）中，法国仍然是最大投资方，尽管自2013年以来投资力度没有显著增加，荷兰、美国、英国和中国紧随其后。表3是2014—2018年非洲前十大外国投资方统计数据。

表3　　2014—2018年非洲前十大外国投资方数据统计

国家	项目数量	创造就业数量	资本额（百万美元）
美国	463	62004	30855
法国	329	57970	34172
英国	286	40949	17768
中国	259	137028	72235
南非	199	21486	10185
阿联酋	189	39479	25278
德国	180	31562	6887

① UNCTAD, World Investment Report 2019: Special Economic Zones, https: //unctad. org/system/files/official-document/wir2019_ en. pdf.

续表

国家	项目数量	创造就业数量	资本额（百万美元）
瑞士	143	13363	6432
印度	134	30334	5403
西班牙	119	13837	4389

数据来源：European Parliament，A Comprehensive EU Strategy for Africa-Trade and Investments，June 2020。

此外，对非投资中，采矿业依然是流入资本的关键部门，但也有向工业和服务业等其他部门转移的趋势。此外，流入撒哈拉以南非洲的资金越来越多地以消费者为目标，而不是以采矿业为目标。需要注意的是，尽管服务业获得的资本最多，但特定的服务业（如金融/商业和旅游）创造的就业机会比其他部门多，而且由于城市化趋势（对衣物和食物的需求不断增加）和收入的减少，消费者部门是更为突出的。

综上，欧盟一直是非洲最为主要的贸易伙伴与境外投资方，欧洲公司在非洲市场也有较强的竞争力，欧盟仍将重点关注欧非经贸关系的发展情况。但欧盟对非贸易框架的固有缺陷逐渐暴露，如经济伙伴关系协定推进困难，如何协调区域贸易协定与非洲大陆自贸区之间的关系等。与此同时，近年来，随着中国对非经贸关系的快速发展，欧盟感受到了强烈的压力与冲击。加之新冠肺炎疫情的冲击，未来欧盟需要付出更多以维系对非洲的经济影响力。

（三）欧盟对非洲的发展援助

欧盟与非洲关系的基础是发展援助，其维系了欧盟与非洲的关系，也成为欧盟对非洲施加各方面影响的重要政策工具。早在冷战时期，欧共体就形成了较为完善的对非发展援助体系，并根据欧盟机构的演变不断调整。此外，欧盟向非洲提供的发展援助主要来自欧洲发展基金（EDF），该基金独立于欧盟预算，长期由成员国认缴。2020 年 7 月，欧盟就 2021—2027 年多年度财政框架预算达成一致，实施近 50 年的欧洲发展基金被取消。资金来源的变化势必对未来欧盟对非洲的发展援助产生重要影响，亦将影响欧非关系的未来走势。

1. 欧盟对非援助相应机制和机构的设置与调整

1973 年《洛美协定》签署时，欧共体与非加太国家设立了部长理事会、大使委员会和咨询大会三个机构。1989 年第四个《洛美协定》签署时，条约中对政策执行机构的设定进行了详细规划和整合，使机制更加完善。协定专门以第四部分论述运作机制。部长理事会的权限更加丰富和明确：理事会设立主席和副主席之职，人选在欧共体成员国和非加太国家之间轮换；理事会除了定期召开会议提交报告，设立任务实施计划并监督实践外，还应特设一些委员会及工作小组解决特定问题；鉴于条约第20—22条提出了分权合作的问题，即应鼓励非加太国家的公民社会参与和监督国家的发展，部长理事会应该组织和梳理这些影响政策实施的相关方，从而确保协定的顺利实施。大使委员会对部长理事会负责，并且有义务监督与协定相关的、无论是永久的还是特设的各个机构，定期提交监督调查报告。咨询大会改为联合大会（Joint Assembly），不再从事提出咨询意见和监督的工作。协定中还对出现分歧的情况设定了制度。如若多次无法达成一致，部长理事会将启动仲裁程序，成立两个委员会。在两个月之内按照多数原则进行投票完成仲裁。

2000年出台的《科托努协定》完成了欧盟对非援助政策的转型。协定正文中将机构设置放在第二部分，并对机构职能进行了进一步调整。部长理事会成员增加了欧盟理事会（Council of the European Union）成员国，主席将从欧盟理事会成员与非加太国家中轮流产生。部长理事会的具体职能为：一是主导政治对话；二是采取政策引导并决定协定的具体实施；三是研究和解决仍有可能阻碍政策实施的相关问题；四是保障咨询机制平稳顺利运行。[①] 部长理事会的决定需要获得

① European Commission: *Partnership Agreement, Between the Members of the African, Caribbean and Pacific Group of States of the One Part, and the European Community and Its Member States, of the Other Part*, Luxembourg: Official Journal of the European Communities, 2000, pp. 11 - 12.

一半以上欧盟理事会成员国和三分之二非加太国家的同意才能通过。部长理事会能够代表大使委员会，对联合议会（Joint Parliamentary Assembly）提出的建议和解决办法也应予以考虑。大使委员会的成员组成与部长理事会一致，在具体任务上大使委员会要履行部长理事会委托于它的各项任务，也有监督协议实施的功能。最后，联合大会更名为联合议会。成员组成方面，欧洲议会和非加太国家的成员各占一半。其职能被定义为咨询机构，具体有："其一，通过对话和咨询推动民主进程；其二，加强欧盟与非加太国家人民之间的沟通，增强公众对发展问题的关注；其三，讨论有关非加太—欧盟伙伴关系和发展的问题；其四，为部长理事会实现协定目标提供解决办法和建议。"① 为此，联合议会需要与非加太国家和欧盟的公民社会进行互动和沟通，收集意见和建议。

除了双边合作协定配套机构的调整，欧盟主管发展援助的制度和机构也在 1990 年后进行了重大调整，以期提高工作效率，增强援助有效性。1993 年欧洲联盟的成立成为援助机制和架构改革的重大契机。

首先，《马约》的签署使欧盟委员会（European

① European Commission: *Partnership Agreement, Between the Members of the African, Caribbean and Pacific Group of States of the One Part, and the European Community and Its Member States, of the Other Part*, Luxembourg: Official Journal of the European Communities, 2000, p. 12.

Commission）权力增大，欧盟委员会成为实施欧盟援助最重要的相关行为体，负责提出立法动议，与第三国协调、设定援助计划并进行后续管理合作等。其次，部长理事会是欧盟发展援助政策的决定机构，在收到欧盟委员会的援助计划后负责审议通过。1997 年《阿姆斯特丹条约》签署后，欧洲议会（European Parliament）获得更加实质的权力，在发展合作问题中有立法的最终否决权，与部长理事会并驾齐驱。最后，欧洲议会与部长理事会还在援助预算方面拥有决策权。

援助的具体实施机构也经过循序渐进的改革和发展。1967 年欧共体设立发展与合作总司（Directorate-General "Development and Cooperation"）负责管理发展援助事务，1982 年将其改名为第八发展总司（DG Ⅷ Development）。由于欧共体发展援助范围的不断扩大，到了 1985 年地中海、亚洲和拉美事务被单独划出，非加太地区的援助由第八发展总司单独负责。这一状态一直持续了近十年，1995 年后欧盟同南非的关系也被纳入第八发展总司，由其负责欧盟同非加太国家的各项合作。这样设置的机构虽然分开了地区，但却不能更好地统筹各个职能部门，使得机构冗余，而专职工作人员数量却不足。加之各司之间缺乏有效协调，工作效率低下，这迫使欧盟对发展援助机构进行整合。

1997 年 10 月 15 日，欧盟通过决议决定成立“共同体对非成员国援助管理联合部”（SCR，法语 Service Commun Relex 的简称，英文为 The Joint Service for the Management of Community Aid to Non-Member Countries，以下简称“管理联合部”）。管理联合部于 1998 年正式运行，通过加强政策协调和有效运用人力资源全方位（包括技术、运营、融资、架构以及法律等方面）管理欧盟的援助，其管理的地域范围扩大至全球。由于欧盟的成立与发展援助政策的调整，管理联合部主要负责的内容包括粮食援助、环境、艾滋病、民主、人权以及共同外交与安全政策等。管理联合部下设了6个司，A 司主要负责中东欧地区，包括共同外交与安全政策和民主建设；B 司负责对拉美、地中海、中东、南亚及东南亚还有中国的经济、技术和财政合作；C 司专门负责欧洲发展基金对非加太国家的项目，南非以及海外领地包括食品援助、人口、复兴、难民、艾滋病以及反对个人采矿的问题；D 司负责对外预算的协调和财政监管，对主要援助计划的实施进行审计和监督；E 司是法律部门，负责监管行政部门以及方案投标；F 司处理基础工作，诸如人力资源，与欧盟其他机构的关系，信息处理以及项目评估。[1] 管理联合部在统筹方面取得了巨大进步，却造成了各部门人手

① Martin Holland, *The European Union and the Third World*, New York: Palgrave, 2002, p. 88.

短缺的状态，各个司之间的权责也不够明确，并没有解决欧盟发展援助不协调的问题。

2000 年，欧盟对发展合作领域的机构进行了一次重大改革。第一，成立了欧洲援助合作局（Europe Aid Cooperation Office），对管理联合部的职能进行改进。合作局分为 8 个司，前五个司分管不同区域，一个司负责专项援助事务，另外两个司从事保障援助机构顺利运作的支持性工作。分工的明晰和合理推动了欧盟发展援助机构援助效率的提高和制度化的加深。2011 年，欧委会成立国际合作与发展总局（DG DEVCO），其由此前的第八发展总司和欧洲援助合作局合并而来，成为专门负责处理对非加太国家事务的行政机构。第二，欧盟对其驻外使团实施权力下放，使团成为实施援助的重要机构。因为使团更加了解当地情况，并与当地政府和相关机构沟通较多，关系紧密，在制订与实施援助计划中能够减少阻力且更贴近实际需求。

尽管欧盟在对非援助领域进行了持续的政策调整，但欧盟受限于其非主权国家的特性，对非政策机构的设置较为繁杂，在内部协调上增加了沟通成本。诸如，《里斯本条约》生效后，欧洲对外事务部（EEAS）成立，专责执行欧盟共同外交与安全政策，由欧盟外交和安全政策高级代表率领。欧盟与非洲的双边关系主要交由对外事务部负责，主要包括历来的欧非峰会、欧盟对非战略、和平与安全事务等。目前，该机构在欧盟中拥有更大的权力。但在全新的《经济伙伴关系协定》谈判中，国际合作与发展总局专员依然是欧盟的首席谈判官。这种机构间的职能不同导致欧盟在对非洲援助时更关注双边关系，在发展同非洲的政治关系时，又较为侧重大陆对大陆的关系，二者容易产生矛盾与分歧。

2. 欧盟对非援助的资金分配及其调整

欧盟对非援助的资金来源主要是欧洲发展基金（European Development Fund）和欧盟预算。其中欧洲发展基金是《洛美协定》以及《科托努协定》框架下最重要的援助资金（详见表4）。基金的经费不来源于欧盟/欧共体总体预算，而是由各个成员国进行磋商后进行分摊和认缴。由于最早主要基于海外领地和殖民地的关系，因此法国是最大的基金经费提供者，后来随着受援国范围扩大以及欧共体成员增多，经费认缴开始综合考虑成员国的经济发展情况。

表4　欧洲发展基金的年限与投入

援助协定与期别	年份	具体金额（百万欧元）
第一个《洛美协定》（第四期）	1976—1980	3072
第二个《洛美协定》（第五期）	1981—1985	4724
第三个《洛美协定》（第六期）	1986—1990	7400

续表

援助协定与期别	年份	具体金额（百万欧元）
第四个《洛美协定》（第七期）	1991—1995	10800
中期修订（第八期）	1996—2000	12967
《科托努协定》（第九期）	2001—2007	13500
《科托努协定》第一次修订（第十期）	2008—2013	22682
《科托努协定》第二次修订（第十一期）	2014—2020	30500

资料来源：http：//eur-lex. europa. eu/legal-content/EN/TXT/？ uri＝URISERV：r12102。

《科托努协定》出台后，欧洲发展基金的援助领域得以扩展，资金在某些领域倾斜明显。《科托努协定》中欧盟同签订条约的非加太国家分别订立了不同的援助计划。84%的欧洲发展基金被用于欧盟与非加太国家及其地区性组织签订的指导性项目和计划，帮助非加太国家进行自身发展、地区性合作以及区域一体化。12%的资金用于非加太国家以及区域内的专项合作。这些项目一般都针对有主题的行动，比如能源、教育、用水卫生等。最后4%用于投资设施，这部分资金由欧洲投资银行支配，目前已经完成了至少200个项目的投资，大部分项目都是为了推动受援国私营部门的发展。

图3反映出自1996年开始，世界官方发展援助对非洲援助中，社会领域投入的资金比例居高不下。此外，根据欧盟援助探索器（EU Aid Explorer）的数据

显示，2007—2021 年，欧盟机构及其成员国[①]投入的官方发展援助中，撒哈拉以南非洲是欧盟援助投入最多的地区。同时，按照领域区分，政府与社会领域在欧盟发展援助中亦占据最高比例，总额高达 917 亿欧元。[②] 社会领域的进一步分类还包括教育、健康、人口与后代健康、水资源供应与净化、良好治理与公民社会、社会基础建设以及实施。欧盟机构在政府与公民社会领域的投入远高于发展委员会国家的总体水平，2017 年高达援助总支出的 21.1%。

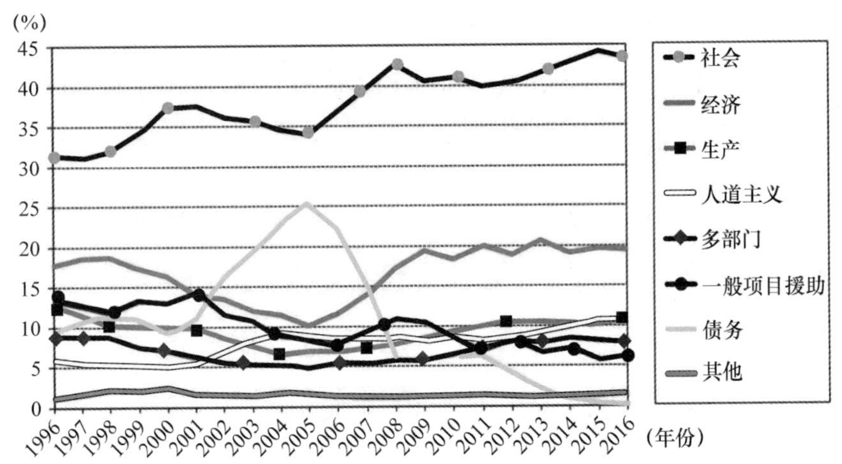

图 3 1996 年以来官方发展援助投入的领域比例

（占非洲总体官方发展援助的比例）

资料来源：OECD，Development Aid at a Glance：Statistics by Region-Africa，2019 edition。

---

① 由于英国于 2020 年 1 月 31 日正式脱欧，其援助相关数据不再作为“欧盟成员国”栏目的显示内容。——笔者注。

② European Commission，“Sectors Data from 2007 to 2021”，https：//euaidexplorer. ec. europa. eu/content/explore/sectors_ en，2021 -6 -18.

然而，受到新冠肺炎疫情的冲击以及英国脱欧的影响，欧盟及其成员国向非洲提供的发展援助资金总额下降。其中，自 2007—2019 年，欧盟对非发展援助资金呈缓慢上升之势，到 2019 年达到 222.8 亿欧元，而 2020 年仅为 63.9 亿欧元。① 目前依然呈现下降趋势。但与之相对应的是，欧盟机构对非洲的发展援助，在新冠肺炎疫情暴发后有大幅增长，从 14.2 亿欧元上升至 22.8 亿欧元。

2020 年 7 月 21 日，欧盟成员国就 2021—2027 年欧盟多年度财政框架（MFF）达成共识，欧盟发展援助资金分配发生变化。具体表现在：一是资金投入增长有限，2021—2027 年度总共投入 984 亿欧元，较 2014—2020 年预算周期仅增长 2%。二是在资金分布上，地区集中更加显著，欧盟发展援助向周边地区集中。三是资金部门分配上，重点领域更加突出，发展援助的气候支出增加至 25%，约 246 亿欧元，人道主义援助从 66 亿欧元增加到 103 亿欧元。② 四是在援助目标上，逐渐偏离减贫目标：很大程度上扩展了贫困的概念边界，大量资金用于周边地区。在对非援助方

① EU Aid Explorer，https：//euaidexplorer.ec.europa.eu/content/explore/donors_ en.

② Council of European Union，"Long-term EU Budget 2021 - 2027 and Recovery Package"，https：//www.consilium.europa.eu/en/policies/the-eu-budget/long-term-eu-budget-2021-2027/，2021 - 5 - 15.

面，多年来用于为非加太国家提供官方发展援助的欧洲发展基金（EDF）被取消。同时，欧盟将设立邻国、发展与国际合作政策工具，统一管理欧盟发展援助资金，承诺为撒哈拉以南非洲提供不少于260亿欧元的援助，较之于此前预算周期并无显著增长。

总体而言，欧盟调整援助政策加入人权、民主和良治等欧洲规范后，对非援助正式成为规范性外交的实施手段。但伴随国际形势及欧非双方的变化，欧盟对非援助愈加关注欧洲自身利益，试图以援助快速解决欧盟面临的棘手问题。上文提及，欧盟为解决移民问题，增设援助工具与相关资金名目，要求非洲国家对移民采取更加严格的管控措施。在当前欧盟追求战略自主的前提下，未来发展援助依然是欧盟重点使用的对非政策工具。

（四）欧盟与非洲的安全合作

安全问题一直是制约非洲发展的关键议题。冷战结束后，第三波民主化在非洲迅速发展，大批非洲国家纷纷开放党禁，宣布实施西方代议民主制，在民主转型与巩固过程中，一些非洲国家内部冲突频发，进一步制约非洲经济社会的发展。20世纪90年代遂被称为非洲“动荡的十年”。卢旺达大屠杀、刚果内战死伤惨重，大批民众流离失所，非洲自此与战乱联系到一起。进入21世纪以后，虽然大规模的领土和边界冲突减少，但非洲国家仍然处于“逢选必乱”的状态。与此同时，21世纪以来，非传统安全问题日益凸显，成为制约非洲发展的关键因素。其中，对非洲影响较大的暴力冲突主要是恐怖主义和海盗问题。2001年“9·11”事件使得恐怖主义成为全球关注的焦点。美国发动阿富汗战争以后，恐怖主义先从阿富汗向巴基斯坦及其周边地区外溢，又经伊拉克战争使以伊拉克为枢纽的中东地区成为恐怖主义的渊薮。西亚北非动荡与利比亚战争推动了恐怖主义向非洲萨赫勒地区拓展纵深，近年来的美国战略收缩与叙利亚内战又使恐怖主义向中东回流。恐怖主义经过这几轮的地缘扩张，东出中亚、西亚和南亚的交汇区，向西到中东和北非，再向南至非洲萨赫勒地区，并延伸到非洲之角的广大地域，这些地区都成为恐怖主义的泛滥之地。在恐怖主义“动荡弧”的辐射下，西非萨赫勒地区、东部非洲之角以及南部莫桑比克北部成为非洲恐怖主义滋生的温床。此外，东非亚丁湾和西非几内亚湾地区由于贫穷落后滋生海盗问题，并进一步与极端恐怖势力以及地区犯罪集团相勾结，威胁国际航运，成为全球关注的安全问题。

非洲安全问题成因复杂，安全实践层出不穷，使得欧盟长期将对非安全合作作为双边关系的首要议程，在非洲安全问题中扮演积极参与者的角色。同时，鉴于欧盟长期以规范性力量自居，其与非洲的安全合作主要在软性力量方面提供支持，最主要的手段是为非洲提供安全援助。

1. 欧盟对非安全政策的演进

进入21世纪以来，非洲的安全局势与问题引起国际社会更多的关注，在2000年首届欧非峰会中，和平与安全议题便被列为欧非关系的首要议题。2002年，非洲联盟成立，推出非洲发展新伙伴计划，希望通过建立非洲和平安全架构（APSA）以合力应对非洲安全问题。与此同时，国际社会关于安全问题解决的理念也在悄然发生变化。2000年国际和平研究所（IPI）提出了“安全—发展相关联”（Security-Development Nexus）的概念，试图以一致连贯的政策处理发展与安全问题。经合组织2001年提出了“国家与民众的安全应该是相辅相成的，不稳定的政治与不发展的经济会导致民众反对政府，最终使他们更易受到内部和外部的安全威胁”[①]。欧盟接受并认可了发展与安全相关联的

① OECD Study, “Security Issues and Development Cooperation: A Conceptual Framework for Enhancing Policy Coherence”, *DAC Journal*, Vol. 2, No. 3, 2001, pp. 11 –23.

理念。在现实中，非洲的安全局势纷繁复杂，落后的经济难以发展，某些国家已成为“失败国家”，甚至成为恐怖主义滋生的温床。这些理念和现实促使欧盟对非援助政策向着安全化方向发展。

2000 年签署的《科托努协定》第 11 条为“和平建设政策、冲突的预防与解决”，明确指出政策立足于维护非洲国家的自主性、维护和平的同时要保持政治、经济、文化等多方面的协调发展，维护民主制度推行良好治理。[①] 协定首次将安全列入欧盟发展政策，并在之后的修订中逐渐增加对非洲安全的关注。2005 年《科托努协定》进行第一次修订。第 11 条安全条款的扩容成为此次修订最大的变化。内容新增了对国际法庭《罗马规约》的支持和对国际法的尊重。还增加了 11a 和 11b 条款，明确提出反恐要求，即缔约国在反恐中互通信息、方式与手段，共同对抗恐怖主义[②]，同时还要求缔约国在防范大规模杀伤性武器扩散方面进行合作。2010 年第二次修订的《科托努协定》将第 11 条更名为“针对脆弱情况下的和平建设，冲突预防与解决”。

---

① EC, “Partnership Agreement Between the Members of the African, Caribbean and Pacific Group of States of the One Part, and the European Community and Its Member States, of the Other Part”, Official Journal of the European Communities, June 23, 2000, p. 9.

② EC, “Partnership Agreement: ACP-EC ”, Office for Official Publications of the European Communities, Luxembourg, 2006, pp. 11 – 12.

明确提出了“如果没有发展和减贫就不会有持续的和平与安全，同时，如果没有和平与安全，也不会有可持续的发展”①。该协定还格外强调联合国千年发展目标及非盟在推动非洲安全与发展中的核心作用。

2003 年，欧盟共同外交与安全政策（CFSP）发布了名为“更好世界中更加安全的欧洲”的首份欧洲安全战略（ESS）。该文件对欧盟的安全政策进行了系统的论述，并成为对非安全合作的重要指导性文件。欧洲安全战略指出，欧盟应加强与国际和地区组织的安全合作，以便在该领域发挥不可或缺的作用。该战略为在和平与安全领域与非洲建立战略伙伴关系提供动力，其目标在于：一是加强与非洲区域和次区域组织的关系；二是处理减贫、缺乏善政以及造成非洲冲突和战争的根源问题；三是使用经济、社会、外交和政治手段有效维持非洲的和平与安全。

2005 年欧盟理事会出台全新的对非战略文件——《欧盟对非战略：走向战略伙伴关系》，其中第七章专门论述非洲的和平与安全以及欧盟在该问题上的对非政策。2007 年《欧非联合战略》将和平与安全列为第一优先合作领域。宣言明确指出和平与安全对发展的重要性，伙伴关系意在加强非盟对冲突的防御、管理

① EC, “Second Revision of the Cotonou Agreement”, Official Journal of the European Communities, Brussels, March 11, 2010, p. 7.

和解决能力。其主要有三个目标："（1）加强欧非在和平与安全问题上的政治对话；（2）帮助建设非洲和平与安全架构；（3）确保非洲领导的和平行动得到足够的资金支持。"①

在上述政策支持下，进入21世纪以来，欧盟在对非安全合作中表现得愈加积极与主动。除增加发展援助在安全领域方面的投入外，欧盟运用"人道主义+"（Humanitarian plus）应对严重的人道主义危机。此外，欧盟委员会利用欧洲发展基金建立的快速反应机制（Rapid Reaction Mechanism）和后来的稳定工具（Instrument for Stability）参与非洲的危机管理，包括政府能力建设、防止武器扩散、跨国犯罪以及危机后重建等。近年来，以法国为首的欧盟成员国在同非洲的安全合作中也愈加向欧盟政策看齐，即减少直接干预，转向应对更加全面和广泛的"人类安全"问题。② 在众多对非安全支持与合作中，非洲和平基金（African Peace Facility）的建设与发展无疑是最具代表性的。

① EU, "The Africa-EU Partnership: Two Unions, One Vision", March 26, 2014, http://www.africa-eu-partnership.org/sites/default/files/documents/jaes_summit_edition2014_en_electronic_final.pdf, 2021-4-7.

② Niall Duggan and Toni Haastrup, "The Security Dimension of EU-Africa Relations", December 21, 2020, https://www.ispionline.it/en/pubblicazione/security-dimension-eu-africa-relations-28732, 2021-4-8.

2. 非洲和平基金

作为一项全新的对非援助机制，非洲和平基金是根据“安全—发展相关联”提出的，持续的经济发展仅存在于和平与安全的条件下这一理论假设创设的，该理论基础认为发展应该包括经济、政治、民生及文化等多个方面，同时要求安全与发展相协调。2003年，根据“非洲和平与安全架构”建设的需求，非盟在莫桑比克首都马普托召开会议，请求欧盟提供必要的资金，支持非洲在安全管理方面自主能力的建设。这一请求得到欧盟的大力支持，2004年第九届欧洲发展基金会议批准设立了首轮非洲和平基金，用于援助非洲安全能力的建设。

该基金的主要目标是：“针对冲突预防、管理及解决和和平建设，在非洲大陆整体及区域层面支持非洲和平与安全进程。非洲和平基金重点关注伙伴关系确定的优先合作领域——和平与安全，同时基于自主性、伙伴关系及稳定化这三个原则开展援助与合作。”① 非洲和平基金主要由三部分组成，即非洲领导的和平支

① EU, “African Peace Facility Evaluation-Part 2: Reviewing the Overall Implementation of the APF as an Instrument for African Efforts to Manage Conflicts on the Continent”, November 2013, http://www.africa-eu-partnership.org/sites/default/files/documents/annexes_final_report_.pdf, 2021-4-10.

持行动（Peace Support Operation）、非洲和平与安全框架下的能力建设项目（Capacity Building Programmes）以及早期反应机制（Early Response Mechanism）的相关行动。

2017 年 11 月，在第五届欧非首脑峰会上，欧非领导人一致同意在《欧非联合战略》的框架下更新彼此对和平议题的承诺。鉴于当前共同的安全威胁已对欧非大陆稳定产生了负面影响，2018 年 3 月，欧盟与非盟基于《欧非联合战略》及阿比让峰会成果签署了《和平、安全与治理备忘录》，双方希望通过加强常规信息流通、增强协调行动以及更好地参与到联合国及其相关机构的和平行动中。

自非洲和平基金设立以来，其支持了欧非和平与安全行动的主要政策工具，包括欧洲和平基金下属的地区与国家项目、欧盟稳定与和平工具（IcSP）、欧盟对非洲紧急信托基金（EUTF）、欧盟共同外交与安全政策下的安全行动（CFSP）以及欧盟共同安全与防御政策（CSDP）下的军事与平民任务与行动。

自 2003 年建立以来，非洲和平基金的行动范围不断扩展并且成为欧盟对非洲和平与安全战略的重要组成部分。截至 2020 年 7 月，近 35 亿欧元通过非洲和平基金投入非洲。在 2004—2019 年间，非洲和平基金的计划金额高达 29 亿欧元，其中 27 亿欧元已被兑现。

表5反映了第9—11届欧洲发展基金对非洲和平基金的资金投入情况。

表5　　第9—11届欧洲发展基金对非洲和平基金的资金投入情况　　（单位：百万欧元）

	第9届	第10届	第11届
承诺数	347.7	751.3	2386.3
合同数	347.2	746.9	1818.5
实际支付	347.2	723.6	1628.7

注：数据中第11届欧洲发展基金时间范围为2014—2019年。

资料来源：European Commission，African Peace Facility：Annual Report 2019，https：//africa-eu-partnership.org/sites/default/files/documents/apf_annual_report_2019_en.pdf。

由上述数据可见，2014—2019年第11届欧洲发展基金为非洲和平基金提供了大量的资金，远高于此前两届资金之和，充分说明欧盟提升了对非洲和平安全事务的关注并增加了投入。此外，2004—2019年非洲和平基金总额中，有268.12亿欧元用于和平支持行动，17.18亿欧元用于能力建设，仅有2800万欧元用于早期反应机制。

由此可见，非洲发展基金将超过90%的资金投入支持非盟及非洲区域组织领导的维和行动中，其信条是“由非洲人组织、运作和发展”。由于非洲发展基金的这一特性，其因此受到非洲国家的欢迎。迄今为止，和平支持行动涉及马里、中非、苏丹、刚果

（金）、利比亚、尼日尔、几内亚比绍以及索马里等众多非洲国家。在能力建设方面，长期目标是加强非盟及非洲区域组织维护和平与安全的能力，逐渐让其摆脱外部援助。项目主要涉及非洲和平与安全架构、相关人员的薪水支付、建设非洲联络办公室与非洲训练中心等。早期反应机制是在第十届欧洲发展基金的支持下设立的，虽然只占和平基金非常小的部分，但作用重大。良好的早期反应与监控可以防范危机的扩大，从而减少之后进行维和行动产生的经费。较有代表性的项目主要有与西非经济共同体合作支持非盟萨赫勒项目、支持非盟高级别执行小组、马里的紧急干预、大湖地区国际会议的联合核查机制等。①

长期以来，作为对非安全援助最重要的手段，非洲和平基金面临缺乏可持续资金来源的问题。其主要由欧洲发展基金作为资金来源，但是这只是暂时的。非洲和平基金涉及欧盟对非洲维和部队的军事行动的支持，但这不是发展援助涉及的传统领域，因此，欧洲发展基金不能长期援助军事行动。另外，欧盟预算明确提出不会为军事行动提供资金。该问题在 2020 年 7 月欧盟通过了 2021—2027 年多年度财政框架预算（MFF）后得到解决。全新的欧盟预算取消了欧洲

① EC, *African Peace Facility Annual Report 2013*, Luxembourg: Publications Office of the European Union, 2014, pp. 15 - 17.

发展基金，设立欧洲和平基金（EPF），在2021—2027预算财年拿出50亿欧元，为非洲安全行动提供支持。另外，邻国、发展与国际合作政策工具包含资助平民和平与安全相关行动的条款，包括支持安全部门改革、快速反应行动和旨在打击暴力极端主义的计划。由此可见，未来欧盟将在和平与安全领域发挥更大的影响。

3. 对非洲热点地区安全问题的投入与关注

欧盟对非安全合作除上述政策与主要政策工具外，还针对非洲热点地区的安全问题制定了相应的支持措施。主要涉及非洲之角、几内亚湾和萨赫勒地区。

（1）非洲之角

非洲之角长年遭遇旱灾与地区部族冲突，地区安全形势堪忧，海盗与恐怖主义活动威胁了整个非洲东部及东海岸的安全。欧盟理事会于2011年发布了一份针对非洲之角国家[①]的战略框架决议，用以指导欧盟在该地区的行动。欧盟任命了一名非洲之角问题特别代表。文件中指出欧盟首先将重点放在索马里、地区冲突和海盗问题上，并期待制订行动计划以支持战略框

① 非洲之角成员国是指伊加特（IGAD）组织成员：吉布提、厄立特里亚、埃塞俄比亚、肯尼亚、索马里、苏丹、南苏丹和乌干达。

架的实施。[①] 文件中提出欧盟将积极配合联合国与非盟的安全行动，优先解决索马里乱局、苏丹以及海盗问题。

在战略框架的指导下，欧盟于2012年和2013年相继出台《支持非洲之角复苏倡议（SHARE）》和《非洲之角与也门反恐行动计划》，提出在执法合作中推进法治；防止招募和打击暴力极端主义以及加强反洗钱和打击恐怖主义融资行动以应对地区问题[②]，并对非洲之角的不同国家提出了差异化安全应对措施。2015年，欧盟理事会通过了《2015—2020年非洲之角区域行动计划》，规划了欧盟解决整个地区关键问题的方法。该行动计划考虑到近年来日益严峻的挑战，特别是地缘政治对非洲之角的影响，以及极端化、移徙和被迫流离失所造成的移民问题等。该行动计划的实施由欧盟外交与安全政策高级代表和委员会领导，理事会通过年度报告等方式定期更新其执行情况。

（2）几内亚湾

广义的几内亚湾是指从塞内加尔延伸至安哥拉，拥

---

① Council of European Union, "Horn of Africa-Council Conclusions", November 14, 2011, https://data.consilium.europa.eu/doc/document/ST%2016858%202011%20INIT/EN/pdf, 2021-4-18.

② European Commission, *EU Counter-terrorism Action Plan for the Horn of Africa and Yemen*, JOIN (2012) 24 final, August 31st, 2012, p.4.

有长达6000千米的大西洋海岸线，这一海域还包括佛得角、圣多美和普林西比群岛。该地区国家众多[①]，拥有得天独厚的深水良港和丰富的自然资源。近年来，该地区安全形势日益恶化，海盗活动猖獗，同时，疾病、毒品和轻小武器蔓延，存在人口贩卖、商品走私等问题；偷盗石油、违法倾倒垃圾与非法捕鱼等问题相互交织，使地区环境进一步恶化。以上问题与海盗活动形成恶性循环，阻碍国家和地区发展，威胁国际航路安全，成为全球安全治理的热点与难点。

鉴于此，欧盟理事会于2014年3月发布《欧盟几内亚湾战略》，该文件描述了几内亚湾安全现状与存在的威胁，并对相关国际行为体采取的行动进行梳理。其中，欧盟成员国早于欧盟与几内亚湾国家开展一些双边安全合作项目，旨在促进能力建设。2015年3月，欧盟再次发布《欧盟几内亚湾2015—2020年行动计划》，围绕四大战略目标设定了未来五年欧盟相关机构需要参与的67项行动。2016年，欧盟委员会对外公布了该行动计划的第一个实施情况报告。报告对14项预期目标进行评估，按照国家、地区和国际等不同层面列出已采取的实际行动和未来可行的举措，附录又分

---

① 几内亚湾地区国家包括利比里亚、科特迪瓦、加纳、多哥、贝宁、尼日利亚、加蓬、喀麦隆、赤道几内亚及圣多美和普林西比。从广义上讲，该地区还包括塞内加尔、冈比亚、塞拉利昂、几内亚比绍、几内亚、佛得角、刚果（金）、刚果（布）和安哥拉。——作者注。

别梳理了欧盟成员国和几内亚湾地区国家已开展的海洋安全治理合作，可谓内容翔实、覆盖广泛。

2018 年 6 月，欧盟理事会通过了《欧盟海洋安全战略行动计划（修订版）》，专门增加热点区域部分，其中包括参与几内亚湾安全合作，提出要配合地区相关行动，确保欧盟安全项目顺利实施。[①] 除此之外，欧盟还通过一些具体项目，有针对性地参与几内亚湾安全合作，诸如几内亚湾关键海上航线计划（CRIM-GO）、几内亚湾海事安全区域网项目（GoGIN）以及设立西非和中部非洲港口安全项目等。

（3）**萨赫勒地区**

萨赫勒地区是非洲北部撒哈拉沙漠和中部苏丹草原地区之间的一条长度超过 3800 千米的地带，从西部大西洋伸延到东部非洲之角，横跨塞内加尔、毛里塔尼亚、马里、布基纳法索、尼日尔、尼日利亚、乍得、苏丹、南苏丹和厄立特里亚 10 个国家。萨赫勒地区处于撒哈拉沙漠边缘，是半干旱草原气候，降雨稀少，居民生产生活极易受到气候的影响。

进入 21 世纪后，该地区持续遭遇极端天气与病虫害，使得民众生活雪上加霜。2011 年 2 月西方国

① Council of the European Union, "Council Conclusions on the Revision of the European Union Maritime Security Strategy（EUMSS）Action Plan（26 June 2018）", http://data.consilium.europa.eu/doc/document/ST-10494-2018-INIT/en/pdf, 2021-6-15.

家武力干预利比亚以来，恐怖分子和极端组织趁机获得大量武器，并通过贩毒、绑架等渠道获得资金，不断坐大。利比亚战争结束后，这些恐怖组织在萨赫勒地区不断扩散，并趁马里内乱之机渗透蔓延到马里北部，使马里问题雪上加霜。2012 年 3 月，马里反政府武装和跨境极端主义组织发动反政府叛乱，人口贩卖、药品走私和武器走私贸易盛行，萨赫勒地区的安全与和平受到严重威胁。天灾加上人祸，使当地居民的生活状况进一步恶化，导致了严重的人道主义危机。[①] 加之该地区政府能力弱小，民族分裂势力与反政府武装相互缠斗，最终使得萨赫勒地区变成非洲恐怖主义滋生的温床。“西非统一圣战组织”“伊斯兰马格里布基地组织”“博科圣地”等均在该地区盘踞。

由于历史与地缘政治联系，欧盟外交与安全政策高级代表和委员会应理事会的要求于 2011 年 7 月发布了欧盟在萨赫勒地区的安全与发展战略。该战略主要侧重四方面的行动，即发展、良治和内部冲突解决、政治和外交安全与法治、打击暴力极端主义。2015 年，欧盟再次通过《2015—2020 年萨赫勒地区行动计划》，为实现该战略的目标提供了坚实的基础。该战略

① 唐晓：《非洲萨赫勒地区问题：国际社会的努力与挑战》，《外交评论》2013 年第 5 期。

关注与区域稳定高度相关的四个领域，即预防和打击极端化，为青年创造适当条件，移民、流动和边境管理以及打击非法贩运和跨国有组织犯罪。

除政策支持外，欧盟还向萨赫勒地区投入大量资金支持，以应对地区安全问题。如在第10届欧洲发展基金中，欧盟向马里、毛里塔尼亚和尼日尔提供了超过15亿欧元的资金，以支持欧盟萨赫勒战略中确定的行动以及社会部门、粮食和营养安全以及农村发展、就业、善治、法治、司法改革和权力下放等其他方面有利于地区和平稳定的行动。[1] 此外，西非区域指示性计划一直在支持对和平与安全、治理、经济一体化和复苏等领域做出贡献的项目。另外，除支持联合国马里特派团的行动外，欧盟在共同安全与防务政策范围内，通过萨赫勒地区能力建设团，为马里、尼日尔等国培训安全部队，提高作战与控制能力。

目前，伴随欧盟战略自主性的提升，其更加积极地参与到萨赫勒和平进程中来。诸如塔库巴特遣队（Task Force Takuba）已加入欧盟力量，有望在未来的地区安全行动中发挥先锋作用。

---

① Council of European Union，“Council Conclusions on the Sahel Regional Action Plan 2015 – 2020”，April 20，2015，https：//www.consilium.europa.eu/media/21522/st07823-en15.pdf，2021 –6 –18.

（五）欧盟与非洲在社会文化领域的合作

欧盟与非洲在社会文化领域的合作主要依托多项对非援助工具开展相应项目。根据欧盟与非洲在 2007 年推出的《欧非联合战略》，二者一致表示要携手推进千年发展目标在非洲的实施，在社会发展领域建设重要伙伴关系。在文化领域，其属于软实力范畴，是欧盟对非开展规范性外交的重要载体。21 世纪以来，欧盟通过发展援助开展对非文化输出，巩固其在非洲的话语权。

1. 欧盟与非洲在社会发展领域的合作

鉴于欧盟历年对非援助的传统，21 世纪以来，欧盟愈加意识到进行国家发展合作是其对外政策的核心。欧盟委员会于 2005 年 7 月向欧盟理事会和欧洲议会提交了一份关于欧盟发展政策的提案。该提案的重点是减贫，同时还包括关于欧盟社会、环境和安全目标的举措，试图推行更有效且一致的发展合作管理举措。部长理事会、欧洲议会和欧盟委员会于 2006 年达成的共识展示了欧盟消除全球贫困的多重方法，并强调在欧盟南部国家解决可能阻碍可持续发展的安全威胁。共识分为两部分，第一部分确立了发展合作的共同目标、价值观和原则，重申了欧盟与发展中国家合作消除全球贫困的决心，并重申欧盟承诺提供更多更好的援助，同时加强政策的连贯性。共识的第二部分概述了共同体的作用和附加价值，以及将如何在欧盟层面实施共识的第一部分。同时，还确定了欧盟及其成员国应包含在其发展政策中的共同价值观。①

具体而言，该共识要求欧盟及其成员国：一要通过解决其他适用的千年发展目标，例如进行孕产妇保健和预防艾滋病毒/艾滋病来减少贫困。二要追求由欧盟民主价值观塑造的发展战略，例如尊重人权、基本自由、法治、善治和性别平等。三要推动发展中国家提出发展诉求，并使欧盟的经济援助与该国的发展战略保持一致。四要协调其在全球论坛上的发展政策和立场，统一发言，确保发展政策的连贯性。

在社会发展领域，联合国在2000年发布的千年发展目标最具权威性。为此，欧盟在《欧非联合战略》框架下按照欧洲发展基金的年限制订了多份行动计划，其中明确提出了在千年发展目标方面的对非合作。具体情况见表6：

① EU, "Joint Statement by the Council and the Representatives of the Governments of the Member States Meeting Within the Council, the European Parliament and the Commission on European Union Development Policy: 'The European Consensus'", Official Journal of the European Union, 2006.

表 6　　欧盟推进千年发展目标（MDG）在非洲的实施的优先行动与重要活动

行动计划	优先行动	活动/结果
第一轮（2008—2010 年）	1. 为 MDG 提供资金支持	为非洲实现千年发展目标提供资金支持和制定政策基础
	2. 粮食安全	加快实现将饥饿人口比例减半的千年发展目标
	3. 健康	在改善艾滋病毒/艾滋病、疟疾、结核病和其他疾病的预防、治疗、护理和支持服务的可及性方面取得实质性进展
	4. 教育	加速实现千年发展目标，让所有儿童都有更多机会获得免费、公平和优质的教育，特别是普及初等教育（UPE）等
第二轮（2011—2013 年）	1. 健康	在所有非洲国家发起加速降低孕产妇死亡率的运动，并确保改善获得艾滋病毒/艾滋病、结核病和疟疾服务的机会
	2. 性别	制定关于性别平等和在教育、政治和社会其他方面赋予妇女权利的中期合作战略
	3. 教育	加快实施非盟战略下的具体行动，即建立教育观察站以监测实现教育目标的进展
	4. 农业	将各国政府对农业的政治和财政支持提高到至少10%的预算，发展伙伴和私营部门，并改善小农市场准入
	5. 水与公共卫生	确保大多数非洲国家在利益相关者广泛参与的基础上制定和采用国家水、环境卫生和个人卫生政策、战略和实施计划
	6. 残障人士	支持实施非盟残疾人战略，包括按性别收集相关统计数据并确保跨部门为残疾人提供空间，确保更多欧盟和非盟成员国签署和批准《联合国残疾人权利公约》

资料来源：表格为笔者自行整理而成。

在 2014—2017 年欧非伙伴关系路线图中，欧盟将“可持续发展、包容性增长和地区一体化”作为欧非关系的第四项优先发展领域，并明确在该领域下的战略性目标为：刺激经济增长，以可持续的方式减少贫困，创造体面的工作并调动人们，特别是青年和妇女的创业潜力；支持私营部门和中小企业的发展；支持大陆一体化进程，特别是通过加速基础设施发展、能源、工业化和投资等。[①]

2015 年第 70 届联大会议上通过了《2030 年可持续发展议程》，该议程于 2016 年 1 月正式启动，提出为今后 15 年实现 17 项可持续发展目标而努力。此后欧盟与非盟均发布地区推进该议程的行动计划。在 2017 年欧非峰会的联合宣言中，双方明确强调了该议程是双边关系的指导性文件之一。在该宣言的指导下，2018 年，欧非联盟正式建立，通过培训人才、改善非洲的营商环境、挖掘经济一体化的潜力来促进投资和增加就业，实质仍关注发展。

2019 年 9 月，欧盟与非加太国家集团发布了推进实施《2030 年可持续发展议程》的联合宣言，提出支持各国将可持续发展目标纳入其国家政策，包括融资战略和各级报告框架。承诺本着伙伴关系精神，根据《亚的斯亚贝巴行动议程》动员各种实施手段；同时认识到国内资源调动、发展融资、发展有效性以及加强现有伙伴关系（如北南合作、南南合作和三角合作，包括多方利益攸关方伙伴关系）的重要性，以有效实

---

① EU-AU, "Fourth EU-Africa Summit: Roadmap 2014 - 2017", April 2 - 3, 2014, https: //africa-eu-partnership. org/sites/default/files/userfiles/2014_ 04_ 01_ 4th_ eu-africa_ summit_ roadmap_ en. pdf, 2021 - 6 - 19.

施2030年议程和巴黎协定。建立新的多方利益相关者伙伴关系，包括公私伙伴关系，是非加太国家和欧盟成员国经济多样化和转型的关键。欧盟在此份文件中仍继续强调，在实施2030年议程时，将遵循并推广共同原则和核心价值观，包括民主原则、法治、良治、尊重人权、人人平等获得司法救助、性别平等、妇女赋权和团结以及对以多边主义和联合国为核心的基于规则的全球秩序的坚定承诺。①

2. 欧盟与非洲在文化领域的合作

在文化领域，欧盟在成立后，作为重要的国际行为体，开始对外制定实施文化外交战略。在文化外交中，欧盟有其独特性，即文化多元性、文化艺术高度发达以及有较先进和完善的文化产业。同时欧盟认为，其倡导的文化多元性与多样性能够作为有力工具从而推动第三国的经济与社会发展。作为2005年联合国教科文组织《保护和促进文化表现形式多样性公约》的缔约方，欧盟致力于促进文化表现形式的多样性，将

① Council of the European Union, "Joint Declaration by the African, Caribbean and Pacific Group of States and the European Union on the 2030 Agenda and the Sustainable Development Goals Implementation", September 24, 2019, https://www.consilium.europa.eu/en/press/press-releases/2019/09/24/joint-declaration-by-the-african-caribbean-and-pacific-group-of-states-and-the-european-union-on-the-2030-agenda-and-the-sustainable-development-goals-implementation/, 2021-6-20.

之作为其发展国际文化关系的一部分。这反映并促进了欧盟的基本价值观，例如人权、性别平等、民主、言论自由和规则、法律以及文化和语言的多样性。

为此，2007 年，欧盟委员会提出了“全球化世界中的欧洲文化议程”，其中包括在欧盟的对外关系中促进文化交流。它标志着欧盟在对外关系中推出了文化战略框架。此后，欧盟开展“2007—2013 文化计划”，强调在欧盟层面的全球视野，包括“促进文化领域工作人员的跨国流动；增加文化艺术作品和产品的跨国流通；加强不同文化之间的对话”[①]。

《里斯本条约》的生效和欧洲对外行动署（EEAS）的成立创造了一个新的架构，可以进一步提升欧盟对国际文化交流的贡献。2010 年后，成员国、欧洲议会和民间社会代表要求欧盟对国际文化关系采取更加协调的方法。2015 年 11 月，理事会呼吁欧委会和欧盟外长制定欧盟对外关系中的“欧洲文化战略方案”，并为此设计一套指导原则。[②] 于是，2016 年 6 月，《欧盟国际文化关系战略》（Towards an EU Strategy for International Culture Relations）正式推出，该战略在三方

---

① 宿琴：《多元维持与共识构建》，中国政法大学出版社 2012 年版，第 175 页。

② Council of the EU，“Education，Youth，Culture and Sport Council”，23 – 24 November 2015，https：//www. consilium. europa. eu/en/meetings/eycs/2015/11/23 – 24/，2021 – 6 – 21.

面聚焦推进欧盟与伙伴国的文化关系：一是支持文化作为经济与社会可持续发展的引擎；二是推进共同体内文化与跨文化的和平对话；三是加强保护文化遗产的合作。同时欧盟声明，为实现上述目标，其必须成为国际社会强有力的角色。该战略还提出了以下指导原则：一是促进文化多样性，尊重人权；二是促进相互尊重与跨文化对话，发掘文化的潜在桥梁作用；三是尊重欧盟及成员国各自的职权范围与辅助性原则；四是鼓励采取跨领域文化办法，文学、艺术、教育、创意产业等；五是通过现有合作框架促进文化交流与发展。①

在上述文件的指导精神下，欧盟早在 20 世纪 90 年代便开始了同非洲的文化合作。具体而言，《马约》生效后的第二年，欧盟便将文化发展提上议事日程。欧盟从第七届欧洲发展基金中调拨 200 万欧元用于支持非加太国家文化发展事业，成为欧盟为非加太国家提供文化发展援助的开端。此后，欧盟又在 1996 年、1997 年和 1999 年为非加太国家追加了共 340 万欧元的文化发展援助。②

---

① European Commission, Joint Communication to the European Parliament and the Council: Towards an EU strategy for international cultural relations, JOIN (2016) 29 final, Brussels, June 8, 2016, https://eur-lex.europa.eu/legal-content/EN/TXT/PDF/? uri = CELEX: 52016JC0029&from = NL, 2020 - 6 - 21.

② 潘良：《欧盟对非洲文化发展援助机制浅析》，《开封教育学院学报》2016 年第 5 期。

2000 年《科托努协定》签署和首届欧非峰会召开后，欧盟通过发展合作工具（DCI）持续推进对非洲国家的文化发展援助计划。其中有专门针对南非的合作规划、通过泛非项目增进同非盟间的伙伴关系，以及最重要的《科托努协定》框架。发展合作工具的文件中有多个部分强调了文化在双边关系发展中的重要性。

根据《科托努协定》，由非加太国家集团秘书处管理和实施欧洲发展基金资助的文化项目。第九届欧洲发展基金资助的项目旨在加强非加太国家创意产业的技术、财务和管理能力，更具体地说是发展和构建非加太国家的电影和视听产业（1400 万欧元）。此后，第十届欧洲发展基金提供 3000 万欧元开展文化合作。其中，非加太国家“文化 +”项目（ACP Cultures +）通过培育可持续的文化产业为消除贫困做出了贡献。到第十一届欧洲发展基金时，欧盟承诺拿出 4000 万欧元，以 Intra ACP 计划继续支持文化和创意产业。

在全新的欧盟与非加太国家伙伴关系协定中，双方在多领域提及文化合作。目前达成一致的初步协定中的人类与社会发展部分，第四章专门论述文化问题，第 37 条至第 39 条从文化与可持续发展、文化多样性与相互理解以及文化遗产与创意领域三个方面论述了双方的共识。此后，在产业发展、商业交往、人文交流等多个领域均对双边文化合作提出了未来规划。目前，在2019—2024年度，欧盟与非加太国家的文化合作项目（ACP-EU Culture）继续获得4000万欧元的资金支持，旨在鼓励创业和文化创新并鼓励青年参与，创造新的就业机会并增加艺术家和文化专业人士的收入，提高非加太国家文化产品的质量，以及推动在国际市场上评估非加太国家的文化产品和艺术家。①

针对北非地区，欧盟通过欧洲睦邻政策开展文化合作，其涉及欧盟东部与南部的16个国家，东部伙伴关系中强调对教育、青年就业、文化科研、创新改革及视听领域的合作与政策对话，而地中海南部地区主要通过文化遗产、视听领域的区域计划及双边活动来支持文化合作。

欧盟在文化外交中愈加积极与主动是其内外环境变化及战略调整的表现。文化对于巩固欧洲一体化的作用显而易见，共同文化背景正是欧洲一体化的根基，共同的文化外交战略能够在对外互动中强化欧洲集体意识；文化外交在对经济的提升力方面具备巨大潜能，欧洲旅游、艺术产品、创意产业等都具备商业开发价值，在2017年全球创意产业分布格局中欧洲占市场总

① ACP-EU, The ACP-EU Culture: Towards a Viable Cultural Industry in the ACP Countries, https://www.acp-ue-culture.eu/en/about, 2021-6-22.

额的 34%，成为仅次于美国的优势地区。[1] 因此，从多个层面考虑，欧盟均会持续加强同非洲的文化合作，维持对非洲的文化影响。

① 孟丹妮：《欧盟新文化外交战略研究》，华东师范大学，硕士学位论文，2018 年。

三　欧盟对非洲政策走势与中欧在非洲关系的前景

由于特殊的历史与地缘政治联系，欧共体自成立之日起便着手建立与前殖民地和海外领地的“联系国制度”。非洲国家纷纷独立后，欧共体继续以经贸和援助为抓手，维护在非影响力。随着欧洲一体化的深入发展，欧盟成立后在高政治领域有了更多的自主权与话语权，2000 年和 2007 年出台的《科托努协定》和《欧非联合战略》成为欧盟对非政策的指导性文件，奠定了 21 世纪以来欧盟与非洲关系的基础。此后，欧盟通过历届欧非首脑峰会，根据国际形势与自身需求的变化不断调整对非政策，加入新内容。其中重要的变化年份是 2014 年，移民问题成为双边关系的重要议题。之后是 2020 年，冯德莱恩出任欧盟委员会主席后发布了欧盟的全新对非战略。此后，新冠肺炎疫情进入全球大流行，欧盟与非洲均受到严重冲击。欧盟经历了疫情初期的成员国各自为政与混乱后，愈加团结，追求欧洲主权和战略自主的意愿增强，行动增多。欧盟调整对非政策的背后，有“中国因素”的深切影响。百年未有之大变局下，欧盟与中国在非洲的竞争与合作态势仍将继续。第六届欧非峰会于2022年2月在布鲁塞尔举行，欧盟依然致力于建立平等与密切的欧非伙伴关系。欧盟也会在非洲大陆事务中扮演更加重要的角色。

（一）欧盟对非洲的利益需求和诉求

欧盟对非政策是欧盟外交中重要的地区政策，其基于欧盟的自身定位，服务于欧盟的战略利益。虽然影响或制约欧盟对非政策走势的因素非常多，诸如世界其他主要国家与非洲关系的变化，大国在非洲利益与诉求的调整，国际格局调整以及欧盟自身定位和国际环境的调整等，但归根结底，欧盟对非政策的变化主要取决于欧盟对非洲需求和欲求的变化。在第二次世界大战后较长的历史时期内，欧盟/欧共体都将非洲视为自己的“后院”。21世纪以来，欧非关系逐渐由“援助—受援”关系向“平等伙伴关系”迈进，这是由欧盟战略利益取向及非洲在其中的地位和作用变化而决定的。

1. 非洲是欧盟维持国际地位发挥国际影响力的重要支撑

冷战时期，西欧作为对抗以苏联为首的社会主义阵营的前沿阵地，在两极对峙的国际政治格局中，成为以美国为首的西方阵营的中坚力量。1967 年欧共体成立后，由于东西方对峙的紧张局势以及西欧尚处于战后恢复时期，其成员国对内恢复和发展经济，对外则与美国结盟，紧随美国对苏政治上遏制，经济上封锁，军事上对抗的全球战略。在安全上，欧共体则依靠美国主导的北约的保护，共同对抗以苏联为首的东方阵营。20 世纪 80 年代末至 90 年代初，国际政治格局戏剧性的变化为欧共体的革新以及对外政策的调整提供了新的契机。

1987 年，对欧洲一体化具有重要历史意义的文件《欧洲单一法案》生效。据此，欧共体 12 国在 1992 年之前建立商品、劳务、人员、资本自由流通的统一大市场，并将货币、科技和环保纳入共同体的行动范围。此间，包括建立关税同盟、共同农业政策、欧洲货币体系、科技合作等经济一体化的重要方面也取得了长足进展。1991 年 12 月，欧共体首脑会议通过了《欧洲经济与货币联盟条约》和《欧洲政治联盟条约》，统称《马斯特里赫特条约》，确立了经济与货币联盟、共同外交与安全政策、司法与社会政策合作欧盟未来发展的三大支柱。欧洲一体化跃上一个新台阶。1993 年 11 月 1 日，《马斯特里赫特条约》正式生效，欧洲共同体发展成为欧洲联盟，欧洲一体化进程从经济领域外溢到政治领域。外溢过程中最重要的政治目标是“建立欧洲人民更加紧密的联盟的基础”，把过去为成员国保留决策权力的一些新领域授予欧洲联盟，其中包括经济和货币政策、社会政策（福利和健康）、外交政策（安全、和平和裁军）。[①] 在此进程中，欧盟成员国让渡了更多的主权行使权，使欧洲联盟成为实质意义上的超国家行为体。欧洲经济一体化的发展和作为欧盟支柱之一的共同外交和安全政策的出台为欧盟重新确定自身的国际地位提供了组织和制度基础。在欧盟建立的 1993 年，欧共体 12 国人口达到 3.2 亿，面积为 225 万平方千米，国民生产总值超过 75069.41 亿美元。在总体经济实力上明显高于美国（1993 年美国的国民生产总值为 65829.00 亿美元）。欧共体也是世界上最大的贸易集团，1992 年外贸总额约为 29722 亿美元。同时，欧共体还是全球发展中国家的最大出口市场和最大援助者，多边贸易体系的倡导者和主要领导力量。

国际层面，一方面，以苏联为首的东方阵营的瓦解使西欧和平与稳定的外部安全威胁消失。欧盟可以摆脱在安全上对美国的依赖、在对外政策上对美国亦步亦趋的困局，使其在冷战时期一直追求的独立自主

① 杨豫：《欧洲政治一体化的进程：历史的回顾》，《欧洲》2002 年第 5 期。

的外交政策获得发展的空间。另一方面，亚非拉发展中国家不再是美苏争夺的对象，非洲国家在美国全球战略中的地位下降。加之非洲地区在民主化浪潮后陷入内乱不断的状态，经济社会发展遭遇巨大挫折。在此情形下，国际社会对于非洲的重视程度持续下降，非洲一些地区出现权力“真空”。

结合欧盟成为超国家行为体后对与之力量匹配的国际地位的追求，以及非洲在冷战后初期国际地位的下降，加之欧非之间传统的历史和地缘联系，非洲成为欧盟维持国际地位发挥国际影响力的重要依托确在情理之中。非洲成为欧盟对外政策的重点区域。

具体而言，第一，非洲国家在第三波民主化浪潮的影响下纷纷转向西方民主制度，给予欧盟推行欧洲规范充分的契机。根据曼纳斯的归纳，欧盟规范可以归纳为九个概念：可持续的和平、社会性的自由、共识性的民主、超国家的法治、相互关联的人权、社会团结、公平与反歧视、可持续发展以及良好治理。① 九个规范中前五个被认为是欧盟的核心规范，后四个是次级规范，这些规范彼此相互联系，不可分割。从欧盟的发展历程可知，“规范性力量”的五个核心规范

① Ian Manners, “The Constitutive Nature of Values, Images and Principles in the European Union”, in *Values and Principles in European Union Foreign Policy*, Edited by Sonia Lucarelli and Ian Manners, London: Routledge, 2006, p. 38.

均来自欧洲对自身身份性质的界定，2000 年后次级规范中的良好治理被提升至更重要的地位，欧盟对上述规范拥有丰富的实践经验，并在实践中反复内化，使得这些核心价值理念的规范性增强。因此，在非洲推行保护人权、发展民主和推行良治等欧洲价值成为欧盟对非政策的重点。通过“规范性力量”的影响，欧洲规范在非洲被普遍接受，进而成为欧盟对非影响力得以持续的源泉。

第二，非盟建立给予欧盟在发展双边关系中更多的机遇。从非统转变为非盟的过程中，欧盟对非盟宪章及组织架构等政治制度的设置方面有显著影响。非洲大陆国家众多，历史与文化具有多样性，在开展区域一体化的条件性方面与欧洲类似。同时，欧盟在该方面拥有丰富的经验，加之同非洲的传统关系，在帮助非洲构建区域共同体方面表现积极。20 世纪末，非洲统一组织已经无法应对层出不穷的问题，非洲亟须建立一个更加紧密和广泛的区域组织，以应对非洲国家的内部冲突以及经济的发展。2000 年非洲联盟取代非洲统一组织，仿照欧盟的组织架构建立。欧盟曾给予大力支持，鼓励非洲实现一体化。具体影响体现在：第一，《非洲联盟宪章》中明确提出要建立一个更加坚固的非洲国家间的政治实体，保卫成员国主权独立和领土完整，加速政治和经济一体化，促进建立民主制度，加强公民参与和良好治理，并在《非洲人权和民族宪章》及其他人权工具的框架下促进和保护各项人权。[①] 第二，非盟的机构设置中，也包括大会、委员会、泛非议会等与欧盟类似的组织机构。

非洲是拥有发展中国家最多的大陆，其在联合国等重要国家间组织中拥有极大的话语权，成为欧盟必须关注的重点地区。通过传播欧洲规范以及对非洲施加制度性影响，不仅可以减少欧盟的政策成本，使非洲更易接受，还可确保欧洲规范在非洲得到认同，将从根本上提升欧盟对非洲的影响力，持久且深远。

2. 非洲对欧盟内部安全与地区稳定有至关重要的作用

非洲与欧盟仅隔着地中海，21 世纪以来，由于恐怖主义由中东向非洲扩散，加之非洲自身安全问题层出不穷，大批民众流离失所，沦为难民。尤其是西亚北非动荡发生后，大量北非难民通过多种方式涌入欧洲，给欧盟各国带来压力。同时，非洲恐怖组织及其行动的壮大与发展直接威胁到欧盟企业及其公民在非洲的安全，同时可能引发欧洲本土恐袭事件。此外，亚丁湾和几内亚湾海盗问题威胁国际航运，欧盟深受

① African Union, "Constitutive Act of the African Union", http: //www. au. int/en/sites/default/files/ConstitutiveAct_ EN. pdf, 2021 -5 -7.

其害。因此，长期以来的欧盟对非政策均将和平与安全问题置于双边关系之首。

其一，非洲移民和难民问题引发欧盟强烈关切。由于地缘联系，欧盟境内的非洲移民主要追溯到20世纪60年代，绝大多数来自摩洛哥、阿尔及利亚和突尼斯。后来，随着欧洲国家对廉价劳动力的需求，一些马格里布地区的移民进入意大利和西班牙等国。到20世纪90年代，由于以上两国对移民增加签证要求，反而导致非法移民逐渐增多。2000—2005年，估计每年有44万人从非洲移民，其中大部分人移居欧洲。[①] 从非洲到欧洲的非法移民许多来自非洲欠发达国家，这些人踏上了前往欧洲的危险旅程，希望能过上更好的生活。在非洲部分地区，尤其是北非（摩洛哥、毛里塔尼亚和利比亚），向欧洲贩运移民比贩毒更有利可图。非法移民到欧洲通常是通过地中海乘船，或在某些情况下在休达和梅利利亚的西班牙飞地陆路进行，并成为国际头条新闻。许多移民在前往欧洲的途中冒着严重受伤或死亡的风险，大多数申请庇护失败的人被驱逐回非洲。非洲移民和难民数量在2011年更是持续增长，对欧盟而言，大量移民和难民的涌入更多是

① International Organization for Migration, "World Migration 2008: Managing Labour Mobility in the Evolving Global Economy", Volume 4 of IOM World Migration Report Series, Hammersmith Press, 2008, pp. 38, 407.

负面的影响。一方面，移民和难民增加了欧盟成员国的财政负担，中东欧国家自身经济发展水平有限，却承受了大量难民的涌入，因而在难民问题上态度强硬。另一方面，北欧国家在接受难民方面承担了更大的社会压力，但这些国家并不是非洲的前宗主国。北欧国家在接受难民后，由难民引发的社会暴力和冲突事件显著增多，引发国内民众不满。这加剧了欧盟内部矛盾，欧盟主要成员国对移民持较为缓和的态度，以法国为例，其更希望以此维持在非洲的大国形象与影响。因此，非洲难民问题不仅关乎欧盟地区的平稳发展，更将影响欧盟的团结。

其二，恐怖主义和海盗等非传统安全问题对欧盟日益带来负面影响。上文提及，由于恐怖主义动荡弧的形成，非洲部分地区恐怖主义与极端组织势力逐渐壮大。加之地区经济发展水平的落后，亚丁湾和几内亚湾海盗问题也日益严峻，并与恐怖极端势力合流。亚丁湾的索马里海盗问题在国际社会集体干预后有较大改善，但几内亚湾地区和萨赫勒地区的海盗和恐怖活动则逐渐增多，并成为当前影响非洲和平与稳定的重要制约因素。海盗持续打劫欧盟船只，恐怖组织则不仅与法军展开正面冲突，还屡屡绑架欧盟公民，对欧盟利益造成持续的恶劣影响。为此，维护非洲的和平安全对于欧盟而言至关重要。

3. 非洲的资源与市场关乎欧盟经济的长远发展

早在殖民时期，欧洲宗主国通过在非洲建立殖民地，大肆掠夺当地资源和压迫民众，西欧资本主义国家获得了重要的原始积累。第二次世界大战结束后，西方资本主义从一般垄断阶段进入国家垄断阶段是这一时期最重要的历史变化。促成资本主义阶段性变化的背景是多样的。其一，第三次科技革命的兴起。早在第二次世界大战时期，交战各国就积极制造先进武器，用以取得战争的胜利，这些新技术包括喷气技术、核技术、电子技术、石油化工技术和新材料技术等。随后这些技术投入民用设施，使得社会生产力大幅度提高。为此，生产关系也需要进行相应调整以适应这些变化。其二，资本主义国家的经济形式发生变化。国家政权与私人垄断资本相结合对经济进行干预和调解，已从战前的临时状态成为常态；从战前的带有应急性转为经常性，从被动转为主动；其使命和重点也从挽救危机、恢复濒临解体的经济或实行战时统制经济转为保证经济的稳定增长和充分就业；其手段从过去着重使用行政和法律手段到更多采用经济手段，包括使用财政货币杠杆；国家干预从过去似乎是外部强制力量，转变为经济正常运行必不可少的一种内部机制，与市场机制相互配合，共同对经济的发展和资源的配置起重要作用。[①] 其三，凯恩斯主义成为主流经济思想，为资本主义进入国家垄断阶段提供理论支持。该理论认为资本主义并非像古典经济学所说的那样靠市场机制就能自然而然地实现均衡增长，存在发生经济危机和失业的可能性。导致这种情况的主要原因在于“有效需求不足”。这里的有效需求是指市场上有支付能力或有购买能力的需求，当然也是指预期可给资本家带来最大利润量的社会总需求。为此，凯恩斯主义主张扩大政府对经济的干预，运用财政和货币政策，刺激消费和投资，以扩大全社会的“有效需求”。由于资本主义发展阶段的变化，国家发展需要更广阔的世界市场，曾经通过扩展殖民地，进行原始积累的经济模式已不再适用。与此同时，获得独立的国家经济发展落后，生产力水平低下，不得不与前宗主国进行经贸往来，寻求经济援助。这使得宗主国们对于殖民地的控制力降低，同意放弃殖民统治，采用全新的方式继续对前殖民地施加影响。

也是在这一历史时期，欧共体通过《罗马条约》、两个《雅温得协定》、四个《洛美协定》及其修订案，维系了第二次世界大战后到 20 世纪末欧洲与非洲的经贸联系。21 世纪以来，欧非关系虽向政治、安全、移

① 李琮：《当代资本主义阶段性发展与世界巨变》，社会科学文献出版社 2013 年版，第 63 页。

民等多领域纵深发展，但经济关系依然是欧非关系的重点领域。

现如今，在资源和市场方面，非洲均有极大的发展潜力，是欧盟不可忽视的贸易伙伴。在自然资源方面，非洲已探明的矿物资源种类多，储量大。石油、天然气蕴藏丰富；铁、锰、铬、钴、镍、钒、铜、铅、锌、锡、磷酸盐等储量很大；黄金、金刚石久负盛名；铀矿脉的相继被发现，引起世人瞩目。许多矿物的储量位居世界的前列。除矿产资源外，非洲的动植物资源也非常丰富，可可、咖啡、蔗糖、橡胶等绝大多数运往欧盟国家。非洲是全世界人口最年轻的大陆，平均年龄为 21 岁。与此同时，非洲当前正经历快速的数字化。非洲已经拥有 1.2 亿的移动金融服务的活跃用户，在全球总数中占有很大比例。非洲大陆的增长有望继续，智能手机连接数量预计将从 2015 年的 3.15 亿增加到 2022 年的 6.36 亿。这是北美预计用户数量的两倍。在非洲大陆自贸区正式建立后，将形成一个国内生产总值合计 3.4 万亿美元的大市场，为非洲经济发展带来新机遇，也成为欧盟必须关注和倚重的市场。

当前，将欧盟视作整体的前提下，其在进出口方面均已成为非洲最大的贸易伙伴，均达到了 30% 以上。同时，欧盟还是非洲最大的投资伙伴。在英国脱欧前，欧盟对非投资总额高达 2610 亿欧元，占全球对非直接投资的40%。[①] 这一紧密的经贸关系决定了欧盟要实现经济的长远增长必须重视非洲。

（二）欧盟对非洲政策的基本趋向

鉴于全新《欧盟与非加太国家组织伙伴关系协定》的调整与变化以及第六届欧非峰会仍然计划最迟于2022年召开，未来欧盟对非洲的政策仍将在既定框架下继续发展，并进行相应调整，欧非关系将有如下发展趋势。

其一，欧盟将努力维持对非洲的规范性影响，但将根据自身利益进行灵活调整。自第四个《洛美协定》开始在对外援助中加入政治导向，到2000年《科托努协定》被正式定型，此后的20年内，尽管欧盟遭遇多重危机，其对非规范性外交有所调整，发展援助转向为欧盟短期利益服务，但其以西方规范对非洲持续施加影响的政策初衷并没有改变。经过多年潜移默化的影响，西方规范在非洲得以广泛传播，在观念上深刻影响了非洲国家的领导人、精英以及普通民众，特别是年轻的非洲民众。他们对来自西方国家的大选监督、多党制的发展和运作、对政府官员腐败问题的问责、人权保护和推进良治等观念的认同正在形成。

① Phil Hogan, Towards an Africa-Europe Trade Partnership, ECDPM Great Insights magazine, Vol. 9, Issue. 1, 2020, p. 9.

值得注意的是，在非盟以及诸多非洲国家的英文和法文的发展规划中，这些语句的运用也非常娴熟。[①] 此次达成的全新《伙伴关系协定》的文本便是典型例证。为此，欧盟不会放弃既得成果，必将持续对非洲施加软性影响。

其二，欧盟与非洲将在贸易投资和就业、和平与安全领域开展深入合作，公共卫生、气候变化和数字化间的合作也将注入新动力，移民问题仍将是影响双边关系的重要议题。在贸易投资和就业领域，双方在增加对非投资开展贸易、促进就业与可持续发展方面有共同利益。冯德莱恩支持非洲大陆自贸区建设，希望达成欧非大陆之间的自由贸易协定。此外，二者在该领域有较强的政治合作意愿，除了促进非洲自贸区的发展，从根源上协助解决移民问题外，欧盟还能够在同中国的竞争中争取筹码。和平与安全一直是欧非合作的重点领域，欧盟支持非盟和平与安全架构的建设，通过非洲和平基金（APF）促进非洲和平与稳定，取得了一定成效。此次欧盟设立独立于预算外的欧洲和平基金（EPF）用以取代非洲和平基金和雅典娜机制（Athena Mechanism），计划在2021—2027年投入不超过50亿欧元，为未来欧非安全合作提供资金保障。

① 刘青建、赵晨光、王聪悦：《中国对非洲关系的国际环境研究》，社会科学文献出版社2019年版，第136页。

在非盟《2063 年议程》的第一个十年计划中，“消弭枪声”（Silencing the Guns）是 2020 年的紧要议题。①欧非双方有较强的政治意愿推进合作。对非新战略是新冠肺炎疫情在全球进入大流行之前欧盟发布的最后一个外交战略文件，其对公共卫生的关注较少，目前的合作主要为短期内抗击疫情。如要发展长远伙伴关系，公共卫生议题将占据重要的位置。气候变化和数字化则是冯德莱恩委员会重要的施政领域，气候变化已成为政治议题，对欧盟争取国际话语权意义重大。同时，新冠肺炎疫情带来的生活方式改变预示着未来数字化转型有广阔的市场，加之非洲有庞大的青年群体，双方在该领域的合作需求增加。移民问题上，尽管全新《伙伴关系协定》达成了一定共识，但是在成员国审批阶段遇阻，匈牙利已明确表示反对。因此，实际情况仍待观察。

其三，欧非关系能否得到改善和推进仍存在挑战与不确定性。一方面，欧盟对非政策需要厘清与非盟的关系，克服机构重叠与利益冲突问题。全新《伙伴关系协定》中，非加太国家组织的机构得以全部保留，加之地区协定的设立，事实上将会增加更多行政机构。这些行政机构将不可避免地与欧非战略伙伴关系的框

① African Union Commission, Agenda 2063: First Ten-Year Implementation Plan (2014 – 2023), Addis Ababa, 2015, p. 9.

架及机制产生冲突。此外，目前的新协定中没有对非洲大陆自贸区的具体支持行动，欧盟仍然试图在非洲推进《经济伙伴关系协定》。因此有非洲学者认为，缺少对非洲大陆自贸区的重视将是欧盟的重大失误，新协定可能还没有生效就已过时了。[①] 由于没有具体协调的文本，非加太国家组织与非盟之间的区域角色划分之间的矛盾没有解决。未来欧盟需要为上述矛盾消耗更多成本，将影响欧非关系的平稳发展。另一方面，欧盟对非政策需要平衡欧洲与非洲的实际需求，放弃固有思维，才能推动“平等伙伴关系”的真正实现。欧盟虽反复声称需改变同非洲的固有关系，将其作为更加对等的地缘政治伙伴，但在现实中必须试图平衡双方的不同需求，如非洲在疫情之后需要重新建立完善的社会保障体系，在这一方面欧盟有丰富的经验。冯德莱恩发布的欧盟对非新战略以及全新《伙伴关系协定》在可持续发展、气候变化以及数字化方面的承诺对非洲有较大的吸引力，但未来在实践过程中仍充满挑战。

（三）欧盟与中国在非洲的利益关系

欧盟及其成员国与非洲有着深厚的历史与现实联

---

① DW，“Cotonou 2.0：A Bad Trade Deal for Africa?” https：//www.dw.com/en/cotonou-20-a-bad-trade-deal-for-africa/a-57503372，2021－5－6.

系，长期的历史殖民及后续的援助政策使得欧盟规范对非洲的政治、经济、文化和社会生活等产生了深远的影响。中国与非洲都曾受到过西方的殖民，双方对帝国主义、殖民主义和霸权主义深恶痛绝。在亚非拉民族解放运动时，中国与非洲就相互支持，建立了深厚的革命友谊。1964 年，陈毅同志在《关于访问亚洲十四国和参加第二次亚非会议筹备会议的情报》中指出：非洲和中国有过共同的遭遇，都挨过帝国主义的打。美国是新殖民主义，苏联在赫鲁晓夫的领导下，没有这个优越性，苏联没有受过殖民地、半殖民地的苦，不容易理解非洲人民的心理，马里总统说：只有中国人才容易理解我们非洲人受殖民主义者长期压迫、剥削，要求独立，要求解放的心情，因此，他们能给我们真正的、无私的援助。一个美国的记者讲了这么一句话："周总理访问非洲，找到了数学上的公分母，其他国家没有这个共同点，其他国家不能同中国竞争。"这个记者的话是说得对的。①

在冷战时期，欧共体及其成员国利用经贸与援助在南北合作框架下建立了双边关系，而中国则在南南合作框架下向非洲提供援助并与非洲在国际社会彼此

① 李玉洁等整理：《陈毅同志的报告——关于访问亚洲十四国和参加第二次亚非会议筹备会议的情况》，陕西档案馆建国后档案，档案编号：123－1－6135，1964 年。

支持。冷战时期，中国在国内建设极其困难的时期依然为非洲提供了大量资金援助。据统计，1956—1977年，中国向36个非洲国家提供的经济援助超过24.76亿美元，占同期援助总额的58%。[①] 对于一个亚洲穷国而言，20多亿美元是巨额资金，表明当时每个中国人都要拿出2美元给非洲。[②] 这其中也铸就了中国援助非洲的丰碑项目——坦赞铁路。2000年，中非合作论坛正式创立，中国对非洲事务的参与逐渐增多，中非关系进入全新发展时期。2013年，“一带一路”倡议提出，非洲也成为重点合作区域。中非关系的快速发展使欧盟感受到了竞争压力，欧盟加强了与中国在非洲事务中的对话，同时亦开启了与中国在非洲影响力的争夺。在当前中欧关系平稳发展的前提下，欧盟与中国在非洲的关系仍将在竞争与合作中继续发展。

1. 欧盟与中国在非洲的利益矛盾与竞争

随着中国自身实力的增长以及对非事务参与的增多，21世纪以来，欧盟与中国在非洲的互动有总体增加的态势，欧盟对中国在非洲的态度由最初的怀疑，到逐渐中立，再到适度竞争与寻求合作，经历了一个

---

① 李安山：《论中国对非洲政策的调适与转变》，《西亚非洲》2006年第8期。

② 胡锦山：《非洲的中国形象》，人民出版社2010年版，第178页。

发展调整的过程。

欧盟作为一个超国家实体，对非产生了规范性影响。欧盟参与非洲事务最重要的手段是发展援助，其次则利用成员国与非洲的传统联系，在经济、安全、社会等领域发挥其特定影响。欧盟对非洲事务的参与方式决定了其与中国在非洲的矛盾主要集中在发展援助领域。

欧盟在发展援助中提出人权、民主和良治等政治条件虽综合考量了自身利益，但实现非洲发展、提高援助效率也是非常重要的政策出发点。在具体政策中，欧盟要求签订《科托努协定》的非洲国家主动承诺保护和改善人权、施行多党选举的代议民主制，并且推进良好治理，包括提高政府职能和鼓励公民社会发展等。在援助的分配中，欧盟也逐渐将更多的资金投入受援国减贫和改善治理能力方面。如果受援国在这些方面有明显进步，欧盟将给予更多的援助，帮助其进一步发展。如若发生欧盟所认为的践踏人权、破坏民主等行为，将对受援国政府进行制裁或者停止援助等。此外，欧盟对非援助是南北援助，各项标准参照经合组织发展委员会关于官方发展援助的相关规定。中国对非援助则强调互利共赢与不干涉内政，由于中非均受到西方殖民与霸权的剥削和压迫，深知独立自主来之不易，因此中非双方间的南南合作建立在不干涉内政原则的基础之上。正如塞内加尔前总统阿卜杜拉·瓦德所说："欧盟提供的是家长式后殖民主义援助。"①与此同时，中国向非洲提供的出口信贷、非优惠国家贷款及商业投资的项目均不符合发展援助委员会对发展援助的定义。以上均可归类在中国特色的官方开发金融（ODF）的领域内。事实上，中国正是通过与西方有别的对非援助，推动了非洲的发展。中国范式挑战了以欧盟为代表的西方援助模式，二者有显著的差异。

中欧双方在援助理念与方式上存在巨大分野，引发了彼此在对非多项事务中的竞争与矛盾。由于中国不附带政治条件，在21世纪前十年，西方渲染"中国新殖民主义"的言论喧嚣尘上。大肆批判中国对非洲的援助破坏了西方长期在非洲推行的良治建设、中国企业缺乏社会责任、破坏人权与环境等，将中国在非洲的活动描绘为洪水猛兽，大肆抹黑。例如，欧洲议会于2008年4月23日发表的题为"中国的非洲政策及其对非洲的影响"的文件认为，中国对非洲的"无条件"援助对欧盟"有条件"的援助构成了挑战。该文件还指责中国仅仅对自然资源丰富的非洲国家"感

---

① Abdoulaye Wade, "Time for the West to Practise What It Preaches", January 24, 2008, https://www.ft.com/content/5d347f88-c897-11dc-94a6-0000779fd2ac, 2021-5-20.

兴趣”，而不愿意与所有非洲国家发展关系，并批评中国仅重视非洲的市场开发而忽视该地区的政府治理。[①]这给中非关系平稳发展造成了一定的负面影响。

归根结底，欧盟与中国均将非洲视为重要的合作伙伴，双方在非洲的影响力直接关乎未来彼此在国际社会的地位与发展。

2. 欧盟与中国在非洲利益的合作与缓和

中欧双方在处理同非洲的关系中，尽管在价值观、经济、资源、社会发展等诸多领域存在矛盾与冲突，但随着历史进程的发展，欧盟发现中国对非政策及对非援助切实取得了积极的成效，受到了非洲国家的欢迎。

一些欧洲学者开始关注中国与非洲的关系，并提出些许正面的评价，逐渐改变了一开始中欧双方在非洲问题上的敌对态势。例如，德国学者赫尔穆特·阿希通过对中非关系中投资、贸易、援助和移民等方面的分析，认为中国的“非洲模式”有自身特点，中国的“卷入”总体上给非洲带来了正面影响。[②]

除此之外，作为欧盟主要成员国，德国前总理默

---

① European Parliament, “Report on China's Policy and Its Effects on Africa”, March 28, 2008, https: //www. europarl. europa. eu/doceo/document/A-6-2008-0080_ EN. html, 2021 -5 -21.

② 李安山：《中非关系研究中国际话语的演变》，《世界经济与政治》2014 年第 2 期。

克尔对中国的态度显得更加低调且谨慎，在某些时候，甚至是较为正面的。除此之外，英、法、德等国均与中国合作，开始探索在非洲的第三方市场合作，并取得了一些成效。如中国同英国（作为欧盟成员国时期）较早开展对非合作。中、英和非农业技术转让项目（AgriTT）于2012年启动。2012—2017年，在该项目框架下，英国国际发展部、商务部，中国农业部，马拉维农业部以及灌溉和水利发展部，乌干达农业部和渔业部，非洲农业研究论坛（FARA）联合起来，建立了两个实验项目，并向马拉维和乌干达传播中英两国农业可持续发展的技术和管理经验，并提供了地方农业发展研究基金。这两个试点项目及其创新的合作模式为中国、英国和非洲未来的发展合作带来了实质性成果，并提供了宝贵的经验。[①] 中德两国与非洲在职业教育培训、可再生能源与可持续发展领域开展了诸多三方合作。中法则在2015年签署《中华人民共和国政府和法兰西共和国政府关于第三方市场合作的联合声明》，表示在落实本联合声明的过程中，双方将高度重视企业实施符合社会和环境要求的项目，促进经济社会发展，保护生态系统和自然资源。中法将在尊重对象国主权的基础上关注其金融可持续性，加强其

---

① 周婧怡：《中国、欧盟、非洲三方合作困境探究》，《区域与全球发展》2020年第2期。

公共管理和治理能力建设。[①]

在主要成员国的影响下，欧盟对中国在非洲的态度也趋于缓和。在2007年《欧非联合战略》出台后，欧盟开始强调同非洲是平等互利的伙伴关系，试图消除在双边关系中不平等的形象，转而“强调一种通过政治和财政激励机制促进非洲的良治和主人翁意识的策略”[②]。2020年欧盟对非新战略更是反复强调对平等伙伴关系的重视。在良治理念上，欧盟也指出良好治理是循序渐进的，其手段必须符合受援国国情，不能由外界强加。[③] 同时在良治的定义中也积极扩展覆盖范围，关注经济、政治、社会和环境等多维度的发展。欧盟还单独成立良治激励基金，对于承诺改革的受援国，依据不同的承诺层级给予不同的激励，该方案在非洲获得了广泛的接受，70%的非洲受援国都致力于实现欧盟所提出的三级改革标准。[④] 由此可见，欧盟虽

① 中华人民共和国政府网：《中华人民共和国政府和法兰西共和国政府关于第三方市场合作的联合声明》，2015年7月1日，http：//www.gov.cn/xinwen/2015-07/01/content_2888266.htm，2021-5-30。

② James Shikwati "'Streicht Diese Hilfe' Interview", DERSPIEGEL, No. 27, July 4, 2005.

③ Commission of European Communities, "Governance in the European Consensus on Development Towards a Harmonized Approach Within the European Union", http://aei.pitt.edu/37806/1/COM_(2006)_421_final.pdf, 2021-5-30.

④ 金玲：《对非援助：中国与欧盟能否经验共享》，《国际问题研究》2010年第1期。

然没有放弃附加政治条件的政策，但是在表述和执行方面已经有所松动，开始从非洲的角度强调人权、民主和良治的重要性，这已经与中国长期主张的“以非洲内部力量推动循序渐进的政治改革”逐渐靠近。

3. 中国和欧盟在非洲利益关系的影响因素

中国和欧盟在非洲利益发生变化最重要的影响因素有两方面：一是中欧关系的发展情况；二是非洲的利益诉求。法德作为欧盟轴心，在欧盟对外政策中发挥着重要的影响。在英国脱欧后，法德关系显得更加重要。默克尔出任德国总理以来，开始积极调整与中国的关系，中欧关系进入长达十几年的“蜜月期”。在特朗普上台后，大西洋伙伴关系遭遇重大挫折，但中欧关系总体平稳发展，对非洲事务有较多共识。拜登上台后，开始修复同欧盟的关系，大肆渲染所谓民主与专制相抗衡，并以此重振欧美价值观联盟，试图拉拢欧洲以打压中国。但德法等欧洲国家之所以公开反对把中国作为“新冷战”的一方，正是因为欧盟总体仍认为与中国对抗不符合欧洲利益。2021 年，中法德三国领导人已举行两次视频峰会，7 月 5 日的会议中，习近平主席同马克龙和默克尔就非洲议题交换意见。习近平主席指出，非洲是发展中国家最集中、抗击新冠肺炎疫情和实现经济复苏任务最艰巨的地区，更是发展潜力最大的大陆。中方已经并正在向40多个非洲国家及非盟委员会提供疫苗，积极支持非洲提升疫苗本地化生产能力。中方已同19个非洲国家签署缓债协议或达成缓债共识，并建设性参与“非洲绿色长城”等可持续发展计划。希望欧方加大对非洲的支持和帮助，向有急需的非洲国家提供更多疫苗，帮助非洲应对好债务压力，早日实现非洲经济复苏和绿色低碳发展。欢迎法国、德国加入中非共同发起的“支持非洲发展伙伴倡议”，开展三方、四方或多方合作。[①] 法方高度评价中方为落实二十国集团有关减缓债倡议所做的努力，愿同中方继续就帮助非洲融资、教育等问题加强协调。德方也希望同中方加强国际事务合作，愿同中方继续就气候变化、生物多样性、非洲应对疫情等问题保持沟通，愿积极研究加入中非提出的“支持非洲发展伙伴倡议”。

在三方关系中，非洲的态度与意愿愈加影响中欧在非洲的利益关系。非盟成立后，推动了非洲一体化的快速发展，其在安全、经济、发展和外交等领域统一非洲意见，代表非洲发声，在国际社会展现非洲的整体形象。在处理同欧盟及中国的关系中，非洲表现

---

① 中华人民共和国外交部：《习近平同法国德国领导人举行视频峰会》，2021年7月5日，https：//www.fmprc.gov.cn/web/zyxw/t1889892.shtml，2021－7－10。

得愈加自主，如非洲和平基金便是欧盟应非洲要求设立的。在津巴布韦与英国关系恶化时期，非洲国家领导人更是坚定地站在一起，直接导致第二届欧非峰会搁浅。随着非洲发展新伙伴计划（NEPAD）和《2063年议程》等的推出，非洲在形成统一政策规划方面持续向前迈进。2018 年的非盟峰会上，时任非盟主席的卡加梅力推非盟机构改革，试图减少其对外部资金的依赖，以此提升自主性。2021 年 1 月，非洲大陆自贸区正式运行，标志着非洲在经济一体化方面取得标志性成果。非洲作为一个整体在国际事务中愈加自信。在欧盟与中国的竞争中，非洲试图实现自身利益的最大化。因此，欧盟与中国在非洲的利益关系越发受到非洲意愿的影响。于欧盟而言，“家长式”的附带政治条件的对非政策已不再适用。于中国而言，应增强对非政策的机制化，同时更多考虑非洲实际情况，从其需求出发。在新冠肺炎疫情暴发后，非洲更加希望国际社会团结一致，为其提供相应帮助。

（四）中国与欧盟在非洲关系的前景分析

中国和欧盟是重要的国际力量，二者与非洲的关系也最为密切。欧盟同非洲的关系基于历史传统与地缘现实，中国同非洲的关系则有深厚的历史情谊与现实需要。二者的竞争与合作将对非洲的发展产生重要的影响。

对于该议题的重要性，中欧双方均持肯定意见。尽管彼此存在模式竞争与价值分歧，但二者存在一定的互补性，且均希望非洲获得发展，最终实现多赢。为此，中欧双方早在2006年，便开始探讨在非洲的三方合作事宜。当年，在赫尔辛基举行的第九次中国和欧盟（以下简称“中欧”）领导人会晤期间，中欧领导人首次同意探讨中国、欧盟和非洲三方合作的可能性。[①] 2007年，中国驻欧盟使团团长在“欧盟、非洲、和中国：竞争伙伴研讨会”开幕式上提出：“中欧都主张维护非洲大陆的和平、稳定与发展，帮助加强非洲自身的能力建设，希望看到一个持续发展的非洲，均在身体力行为非洲国家维护和平、稳定和实现共同发展做出努力。”[②] 2008年10月，欧盟委员会推出了《中欧非三方合作沟通文件》，第一次提出了通过三方合作推动非洲发展的倡议。其中确定了三方合作的三项原则，即务实而不断深化；与非洲国家的有关伙伴

① Council of the European Union, “Ninth EU-China Summit Helsinki 9 September 2006: Joint Statement”, 12642/06 (Presse 249), Brussels, September 11, 2006, https://www.consilium.europa.eu/ueDocs/cms_Data/docs/pressData/en/er/90951.pdf, 2021-7-11。

② 中华人民共和国驻欧盟使团：《中国与非洲和欧盟的战略伙伴：两者如何相容?》，2007年6月29日，http://www.fmprc.gov.cn/ce/cebe/chn/sgxx/t335118.htm，2021-7-11。

共同参与；确保欧盟与中国在非洲问题上的原则适合其发展战略。[1] 中欧共同合作促进非洲发展已经得到中欧官方的正式确认。

针对欧盟积极提出的三方合作，中国虽表示赞同，但并没有实际的积极行动，主要原因在于中欧双方对非洲的分歧仍然无法调和。该议题在此后的几年仍然停留在共识阶段，热度有所下降。直到 2015 年李克强总理访问欧洲时，中国对三方合作事宜进行了较为积极的表态。在布鲁塞尔出席中欧工商峰会开幕式时，李克强总理发表题为“携手开创中欧关系新局面”的主旨演讲，其中提出：“开展国际产能合作，发展中国家可以以较低的成本、较快的速度提升发展水平，处于工业化中端的中国可以促进产业升级，处于工业化高端和后工业化阶段的发达国家也可以拓展国际市场，全球产业链的上中下游都得到发展进步的机遇，是一举多得、三方共赢之举。整个发展中国家有几十亿人口的大市场，内需潜力巨大；中国工业规模大，产业门类全；发达国家的技术装备也迫切需要寻找出路，三方产能合作前景十分广阔。……中欧双方可以装备

---

① Commission of the European Communities, “The EU, Africa and China: Towards Trilateral Dialogue and Cooperation”, October 17, 2008, https://eur-lex.europa.eu/LexUriServ/LexUriServ.do?uri=COM:2008:0654:FIN:EN:PDF, 2021-7-12.

制造为重点，在第三方合作上突破。”[①] 随后在第十七届、第二十届中欧领导人峰会上，均提及了中欧可在气候变化、卫生健康、基础设施、环境及生物多样性等几个关键问题领域展开政府间谈判，加强在非洲的合作，并在发展领域探讨具有可操作性的三方合作。

中国与欧盟在非洲达成三方合作，经历了从观念转变，到达成共识，再到逐步行动的过程。这反映了中国与欧盟对非政策的趋同性增强以及双方在促进非洲发展方面目标具有一致性。欧盟虽仍在对非政策中强调欧洲价值，但对政治导向的表述有所弱化，中国亦开始加强中非高政治领域的合作，提出正确义利观、建设性参与非洲和平与安全建设以及加强治国理政交流等。

在促进非洲发展的目标方面中国与欧盟已有诸多相似点。2006 年，中国制定了第一份对非政策文件，总体原则和目标是：（1）真诚友好，平等相待；（2）互利互惠，共同繁荣；（3）相互支持，密切配合；（4）相互学习，共谋发展。[②] 2015 年，中非合作论坛第二次峰会在南非召开，中国政府发表了第二份

① 中国政府网：《李克强在中欧工商峰会上的演讲（全文）》，2015 年 6 月 30 日，http：//www. gov. cn/guowuyuan/2015 – 06/30/content_2886643. htm，2021 –7 –10。

② 中国政府网：《中国对非洲政策文件》，2006 年 10 月，http：//www. gov. cn/ztzl/zfft/content_ 428674. htm，2021 –5 –10。

对非政策文件，进一步丰富和完善对非政策。其中将非洲政策细化为五部分：（1）建立和发展中非全面战略合作伙伴关系，巩固和夯实中非命运共同体；（2）坚持正确义利观，践行真实亲诚对非工作方针；（3）推动中非合作全面发展；（4）中非合作论坛机制建设及其后续行动；（5）中国与非洲区域组织关系。①欧盟方面，2005年对非政策文件中指出：欧盟将加强同非洲的合作与政治对话，在和平与安全、人权和治理、发展援助、持续的经济发展、区域一体化与贸易、人类发展等多个方面积极努力，帮助非洲实现全方位的发展，并且会同非盟与非洲发展新伙伴计划，尊重非洲国家的自主性，持续地改进该战略。由此可见，欧非双方均希望同非洲展开深入的合作，促进非洲的可持续全方位发展。另一方面，中欧双方均希望通过合作实现共赢。无论是中国还是欧盟，在同非洲的合作中，均会对自身利益进行衡量。总体而言，中欧均希望通过合作同非洲进行贸易以促进自身发展，也希望通过与非洲发展友好关系树立良好的国家形象，增强国际影响力。

鉴于上述原因，中国和欧盟在共促非洲发展方面

① 中国政府网：《中国对非洲政策文件（全文）》，2015年12月，http：//www.gov.cn/xinwen/2015－12/05/content_5020197.htm，2021－5－10。

仍有广泛的合作前景，但近年来中欧在非洲的竞争趋势有所加强。同时，面临百年未有之大变局，加之新冠肺炎疫情对全球的冲击，给未来中欧在非洲的关系带来了更多的挑战。

具体而言，其一，中欧在发展范式方面仍旧朝着各自理念发展。多年来，欧盟在非洲进行的意识形态输出已基本达到预期。《科托努协定》签订时，其政治导向受到非加太国家的强烈抵制，认为此举是欧盟对发展中国家内政的无理干涉。现如今，欧盟的规范性外交已影响了非洲青年一代的价值观，全新《伙伴关系协定》中，双方均一致认同保护人权、维护民主和法治以及推进良治的重要性，并保留了"不履行条款"，即缔约国违反条约将面临制裁。与此同时，中国的发展成就举世瞩目，也给非洲国家带来了不同于西方的发展经验与模式。中国亦希望同非洲加强人文交流与文明互鉴，以中国的方式助推非洲的发展。中欧在发展范式方面的差异势必在非洲产生激烈竞争，这也将是中欧在非洲开展合作的最大阻碍。

其二，在经贸领域，尤其在新冠肺炎疫情暴发后，欧盟出于安全考虑可能将更多的产业链置于非洲，这将对中国产生压力。尽管自 2018 年开始，中非贸易额已超过 2000 万美元，中国亦是非洲第一大贸易伙伴，但如果将欧盟视作一个整体而言，欧盟对非贸易额仍然在中国之上。此外，欧盟运用其政策工具，试图维护其在对非贸易中的优势地位。诸如通过经济伙伴关系协定与非洲确立固定贸易合作，通过泛非计划、贸易援助以及对外投资计划等支持非洲大陆自贸区建设，以此掌握主动权，建立起对非洲大陆自贸协定的制度性影响。新冠肺炎疫情暴发以来，欧盟的心态发生转变，可能在非洲问题上更加强势。新冠肺炎疫情初期欧盟虽遭遇诸多质疑，但逐步回归正轨，尤其是7500亿欧元规模的“复苏基金”计划得到通过，再次提振了成员国对欧盟的信心，追求欧洲战略自主的观念得到更多支持。因此，在欧盟的非洲政策将更加一致与坚决。多种迹象表明，欧盟志在第六届欧非峰会中与非洲达成新的共识与合作，即尽可能地改变与扭转欧非关系的“援助与受援”模式，以平等的合作伙伴关系来实现欧盟在非洲各项利益的可持续获得。因此，未来欧盟或在非洲自贸区建设、绿色转型、数字化转型、公共卫生、和平与安全、投资青年人方面投入更多。在数字经济领域，中国较之欧盟在产能、技术以及资金方面有优势，但欧盟恐利用其话语和创新优势追求技术主权。欧盟在对外政策中的战略自主将可能导致其与中国在非洲展开正面竞争。

尽管如此，中欧双方仍在很多方面可以开展合作，中国也可在这些方面积极行动，以合作化解同欧盟的竞争压力，最终实现三方的互利共赢。第一，利用疫情带来的国际局势变化，积极与欧盟沟通，推进中欧在全球发展治理问题中的合作。具体而言，在发展合作领域，欧盟是西方发展援助模式的坚定支持者，但在近年来亦有些许调整与变化。非洲是国际发展合作的重要对象区域，中欧可以在发展合作领域开展试点项目，推动国际发展合作体系改革。在公共卫生方面，中欧也可以加强研发合作，加大对非洲的疫苗支持，为非洲抗击疫情提供联合解决方案。在减债缓债和帮助非洲经济复苏方面，中欧也可探寻可行的方式，以合力应对。

第二，切实开展中欧在非洲发展议题中的具体合作，以成功的项目和经验缓解双方的竞争。基础设施、产能合作等领域是中国对非合作的强项，欧盟及其成员国亦希望在对非合作中获得良好的经济收益。因此，中欧应在“非洲提出、非洲同意、非洲主导”的原则下制定适合双方的援助项目，关注非洲最迫切的需求，如提升农业效率、增加工业产值、共建基础设施等。具体而言，针对埃塞俄比亚、安哥拉等发展势头足，且国内政局较为平稳的国家，中欧可考虑积极开展试点合作项目，弱化和缓和规范与制度差异，多关注当地的可持续发展、包容性增长等共通价值。例如，埃塞俄比亚吉布 3 水电站是非洲最大容量的水电站，由中国东方电气、意大利公司和埃塞俄比亚三方合作建成。[①] 通过把实际合作项目的成功经历作为试点并推广，增加三方合作的吸引力。

第三，在非洲安全建设方面，中欧双方仍有广阔的合作空间。近年来，非洲非传统安全问题日益严峻，如地区恐怖组织和极端恐怖活动增多，几内亚湾海盗日益猖獗，在新冠肺炎疫情发生后，部分脆弱国家的安全形势持续恶化等。与此同时，非洲地区安全治理存在诸多问题。其中最显著的问题在于非洲安全治理的意愿与能力的错配，最典型的问题是非洲自身的治理意愿高，却严重缺乏相应资源特别是财政资源。[②] 在安全议题上，以法国为首的前宗主国长期在非洲驻军，进行直接军事干预，以此维护非洲地区和平与稳定。但近年来，直接干预行动遭到非洲民众的强烈抵触。为此，马克龙明确表达调整政策的决心，未来可能由军事打击向预防和推动地区发展转变。2021 年 6 月，法国总统马克龙宣布，法国将结束在非洲萨赫勒地区的“新月形沙丘”行动（Operation Barkhane）。相关信息显示，法军在西非的部署将有所调整，考虑几内亚湾沿岸国家，并通过加入欧盟力量，转向重点支持塔

---

① 杨娜：《中国和欧盟在非洲的竞争与合作：“安全—发展关联”视角》，《国际经济评论》2020 年第 6 期。

② 张春：《非洲安全治理困境中的中非和平安全合作》，《阿拉伯世界研究》2017 年第 5 期。

库巴特遣队（Task Force Takuba）发挥先锋作用。与此同时，欧盟已明确表示将为西非安全问题，尤其是几内亚湾海盗问题提供持续投入。由此可见，欧盟将会在非洲安全议题中发挥更重要的作用。鉴于中国历来坚持不干涉内政的原则，倡导从根源上解决安全问题，与欧盟的相关理念是一致的。因此，在非洲安全议题中，三方合作有较大的可能性。

除在上述可合作领域开展合作外，也必须直面中欧之间在非洲的竞争，中国可考虑采取以下应对措施。首先，持续挖掘自身长处，发挥优势理念的作用与影响。未来，仍应关注中国在非软实力方面的发展。改进对非援助的方式方法，推动民心相通，有效提升在非洲的话语权以应对西方势力的抹黑和打压。当前中非友好关系时常受到领导人换届、西方势力搅动等影响，同时面临非洲人口代际转换的问题，给维持中非传统友谊、推动民心相通提出了更高的要求。中国对非援助不附带政治条件，切实推动非洲经济发展，效果显著，是可利用的重要政策手段，但仍需进一步优化。在改进援助方面，建议把握对非援助务实化、精准化和效果化三个原则，真正惠及当地普通民众，展示真实的中国形象。同时，中国的援助缺乏对非洲媒体和群众的直接影响，使得中国援助的一些项目并不为当地百姓所知。未来可考虑加强对民间力量的援助，以当地口吻讲述中国故事，给西方势力的打压和抹黑以有效回击。

其次，充分总结自身独特经验，建立制度纽带促进交往。同欧盟相比，中国在对非关系的制度建设方面略显薄弱。因此加强对制度建设的关注与实践是必须的，诸如可以借鉴欧盟经验，建立独立的对非事务统筹部门；完善对非援助制度，让非洲国家更加“放心”同中国合作；强化中非合作论坛组织架构的职责性，整合过多过杂的多项会议，形成合力等。以上所述均是进行双边关系制度建设的具体措施，这些可以帮助中国改善当前对非关系，但是并不能够从根本上确立中国对非关系的自信。因此，充分总结自身独特经验，将其融入制度建设中去，使建成的制度能够持续地帮助宣传中国理念和经验才是真正提升中国对非软实力的根本办法。在充分考量中国情况后，多年以来持续而快速的国家发展，即中国的治国理政、减贫等经验是非常值得同非洲交流的。因此，在对非关系的制度建设中，中国应更多强调“中国机遇论”，运用对非事务统筹部门、援助政策以及中非合作论坛等机构的日常运行，充分“讲好中国故事”，从而为中非关系的深入可持续发展产生重大推进作用。

最后，在国际社会中坚持为非洲发声，始终站在维护发展中国家利益的角度开展中欧非三方合作。呼吁在联合国和非盟框架下开展对非安全合作，在非洲国家的需求和主导下开展发展领域的合作。中国一贯坚持的对非政策原则不容动摇，2014 年 11 月 28 日至 29 日，习近平总书记在中央外事会议中强调："中国必须有自己特色的大国外交"，"要把合作共赢理念体现到政治、经济、安全、文化等对外合作的方方面面。要坚持正确义利观，做到义利兼顾，要讲信义、重情义、扬正义、树道义"[①]。在新时期的对非关系中，明确"正确义利观"，走出一条中国特色的合作共赢道路，才能延续和巩固中非之间的优良关系，才能在三方合作中收获显著成果。

① 《习近平谈治国理政（第二卷）》，外文出版社 2017 年版，第 443 页。

结　论

作为超国家行为体，欧盟成立后便开始追求国际政治地位及与其经济实力相匹配的国际影响力，因而确定了“规范性力量”的自身定位。非洲作为欧洲的传统“势力范围”，亦成为欧盟外交重点关注的地区之一。延续发展援助的传统，欧盟于 2000 年与非加太国家集团签署了《科托努协定》，不仅标志着欧盟对非援助政治导向的定型，更是为欧盟同非洲开启全面伙伴关系奠定了基础。2005 年，欧盟发布了第一份对非战略文件，并在 2007 年第二届欧非峰会上确定了《欧非联合战略》。2009 年《里斯本条约》生效后，欧盟在一体化道路上快速前进。欧盟同非洲的关系也从单纯的援助和贸易关系，扩展为全面伙伴关系，尤其是在安全和移民等领域，欧盟对非洲事务参与众多。

与此同时，欧盟对非洲长期实行的规范性外交初见成效，对非洲产生了较为深刻的制度性影响。近年来，欧盟提出发展“欧洲主权”，尤其在新冠肺炎疫情的冲击下，欧盟对于以合力应对国际变局有了更加深刻的体会。在今后较长的时期内，追求战略自主将是欧盟的努力方向。为此，建立更加稳固的“大陆对大陆”间的关系，改善“援助—受援”模式将是欧盟与非洲关系未来发展的方向。

21 世纪以来，中国在国际舞台迅速崛起。2000 年中非合作论坛的建立及机制化为非洲的发展注入了全新的动力。20 余年来，中非关系持续升温，中国的发展理念与治理范式也引起了非洲的关注，为其带来了全新的发展视野。在此情形下，欧盟与中国不可避免地在非洲事务中展开竞争与合作。中欧双方在对非理念与实践中有较大差异，但二者的政策正逐渐趋同，且两国有共促非洲发展的决心。未来，中欧在非洲仍将是竞争与合作并存。

中欧在非洲的竞争与合作也给非洲国家带来了机遇与挑战。非洲国家应该清楚地表达自身的需求，“应该肯定地、清楚地告诉这些伙伴，它们希望从后者在非洲的活动中得到什么。它们应该向这些伙伴明确提出要求，告诉后者，它们希望从作为本国社会—经济活动一部分的这些伙伴中得到什么，并为此搭建一个活动舞台，只有非洲人自己才能决定什么是最适合他们的。”[①] 无论竞争抑或是合作，非洲均需在这个过程中掌握自主权，发掘合适的国家发展道路，中欧的参与终究是外部力量，非洲国家的努力才是实现非洲复兴的终极奥义。

---

① 门镜、［英］本杰明·巴顿主编：《中国、欧盟在非洲：欧中关系中的非洲因素》，李靖堃译，社会科学文献出版社 2011 年版，第 325 页。

参考文献

《习近平谈治国理政（第二卷）》，外文出版社 2017 年版。

程诚：《“一带一路”中非发展合作新模式：“造血金融”如何改变非洲》，中国人民大学出版社 2018 年版。

丁纯：《欧洲一体化的危机和欧盟转型》，《人民论坛》2016 年第 11 期。

房乐宪：《欧盟对非战略的调整及趋势》，《亚非纵横》2009 年第 1 期。

洪邮生：《“规范性力量欧洲”与欧盟对华外交》，《世界经济与政治》2010 年第 1 期。

胡锦山：《非洲的中国形象》，人民出版社 2010 年版。

金玲：《对非援助：中国与欧盟能否经验共享》，《国际问题研究》2010 年第 1 期。

金玲：《欧盟的非洲政策调整：话语、行为与身份重塑》，《西亚非洲》2019 年第 2 期。
金玲：《欧盟对非洲制度机制调整及其对中国的影响》，《欧洲研究》2010 年第 5 期。
晋继勇：《新冠肺炎疫情防控与全球卫生治理——以世界卫生组织改革为主线》，《外交评论》2020 年第 3 期。
鞠辉：《欧委会主席容克总结执政 5 年得失　欧中合作造福双方也有利于世界》，《中国青年报》2019 年 10 月 19 日。
李安山：《论中国对非洲政策的调适与转变》，《西亚非洲》2006 年第 8 期。
李安山：《中非关系研究中国际话语的演变》，《世界经济与政治》2014 年第 2 期。
李琮：《当代资本主义阶段性发展与世界巨变》，社会科学文献出版社 2013 年版。
李玉洁等整理：《陈毅同志的报告——关于访问亚洲十四国和参加第二次亚非会议筹备会议的情况》，陕西档案馆建国后档案，档案编号：123 - 1 - 6135，1964 年。
联合国：《联合国第三个发展十年国际发展战略》，联合国网站，http：//www. un. org/zh/documents/view_ doc. asp？ symbol = A/RES/35/56。
联合国大会：《联合国第二个发展十年国际发展战

略》，联合国网站，https：//undocs. org/zh/A/RES/2626%20%28XXV%29，2019－12－2。

联合国贸发会议：《2020年最不发达国家报告：新十年的生产能力（概述）》，联合国网站，https：//unctad. org/system/files/official-document/ldcr2020overview_ ch. pdf，2020－12－30。

刘青建、赵晨光、王聪悦：《中国对非洲关系的国际环境研究》，社会科学文献出版社2019年版。

卢现祥、朱巧玲主编：《新制度经济学》，北京大学出版社2007年版。

门镜、［英］本杰明·巴顿主编：《中国、欧盟在非洲：欧中关系中的非洲因素》，李靖堃译，社会科学文献出版社2011年版。

孟丹妮：《欧盟新文化外交战略研究》，华东师范大学，硕士学位论文，2018年。

欧共体官方出版局编：《欧洲联盟法典（第一卷）》，苏明忠译，国际文化出版公司2005年版。

欧共体官方出版局编：《欧洲联盟法典（第二卷）》，苏明忠译，国际文化出版公司2005年版。

潘良：《欧盟对非洲文化发展援助机制浅析》，《开封教育学院学报》2016年第5期。

裴广江：《欧非峰会：思路不转 僵局难开》，《人民日报》2007年10月9日。

石贤泽：《容克委员会主席化的新发展及其动力解释》，《欧洲研究》2018 年第 2 期。
宿琴：《多元维持与共识构建》，中国政法大学出版社 2012 年版。
唐晓：《非洲萨赫勒地区问题：国际社会的努力与挑战》，《外交评论》2013 年第 5 期。
童星：《发展社会学与中国现代化》，社会科学文献出版社 2000 年版。
王小林、刘倩倩：《中非合作：提高发展援助有效性的新方式》，《国际问题研究》2012 年第 5 期。
王玉萍：《关于〈洛美协定〉的再思考》，《生产力研究》2006 年第 11 期。
杨娜：《欧洲模式的韧性：新冠肺炎疫情与欧盟卫生治理》，《外交评论》2020 年第 6 期。
杨娜：《中国和欧盟在非洲的竞争与合作："安全—发展关联"视角》，《国际经济评论》2020 年第 6 期。
杨豫：《欧洲政治一体化的进程：历史的回顾》，《欧洲》2002 年第 5 期。
原牧：《第三个〈洛美协定〉剖析》，《世界经济》1985 年第 11 期。
张春：《非洲安全治理困境中的中非和平安全合作》，《阿拉伯世界研究》2017 年第 5 期。
赵雅婷：《〈科托努协定〉续订谈判与欧非关系前瞻》，

《国际论坛》2021 年第 1 期。

赵雅婷：《欧盟参与几内亚湾安全合作：现状、特征与问题》，《当代世界》2019 年第 9 期。

赵雅婷、刘青建：《欧盟对非援助政策新变化探析》，《教学与研究》2015 年第 6 期。

中国政府网：《李克强在中欧工商峰会上的演讲（全文）》，2015 年 6 月 30 日，http：//www. gov. cn/guowuyuan/2015 – 06/30/content _ 2886643. htm，2021 – 7 – 10。

中国政府网：《中国对非洲政策文件（全文）》，2015 年 12 月，http：//www. gov. cn/xinwen/2015 – 12/05/content_ 5020197. htm，2021 – 5 – 10。

中国政府网：《中国对非洲政策文件》，2006 年 10 月，http：//www. gov. cn/ztzl/zfft/content _ 428674. htm，2021 – 5 – 10。

中华人民共和国商务部：《欧盟与非洲经济伙伴关系协定前景黯淡》，2017 年 11 月 29 日，http：//www. mofcom. gov. cn/article/i/jyjl/k/201711/20171102678141. shtml。

中华人民共和国外交部：《习近平同法国德国领导人举行视频峰会》，2021 年 7 月 5 日，https：//www. fmprc. gov. cn/web/zyxw/t1889892. shtml，2021 – 7 – 10。

中华人民共和国政府网：《中华人民共和国政府和法兰西共和国政府关于第三方市场合作的联合声明》，2015 年

7 月 1 日，http：//www. gov. cn/xinwen/2015 – 07/01/content_ 2888266. htm，2021 –5 –30。

中华人民共和国驻欧盟使团：《中国与非洲和欧盟的战略伙伴：两者如何相容?》，2007 年 6 月 29 日，http：//www. fmprc. gov. cn/ce/cebe/chn/sgxx/t335118. htm，2021 –7 –11。

周婧怡：《中国、欧盟、非洲三方合作困境探究》，《区域与全球发展》2020 年第 2 期。

［德］恩斯特 – 奥托·岑皮尔：《变革中的世界政治——东西方冲突结束后的国际体系》，晏扬译，华东师范大学出版社 2000 年版。

［加纳］A. 阿杜·博亨主编：《非洲通史（第七卷）：殖民统治下的非洲（1880—1935 年）》，中国对外翻译出版公司译，中国对外翻译出版公司 1991 年版。

［英］巴兹尔·戴维逊：《黑母亲——买卖非洲奴隶的年代》，何瑞丰译，生活·读书·新知三联书店 1965 年版。

［英］威廉·托多夫：《非洲政府与政治（第四版）》，肖宏宇译，北京大学出版社 2007 年版。

［赞比亚］丹比萨·莫约：《援助的死亡》，王涛、杨惠等译，世界知识出版社 2010 年版。

Abdoulaye Wade，“Time for the West to Practise What It Preaches”，January 24，2008，https：//www. ft. com/content/

5d347f88-c897-11dc-94a6-0000779fd2ac, 2021 –5 –20.

ACP-EEC Council of Ministers, *Fourth AC-EEC Convention*, Luxembourg: Office for Official Publications of the European Communities, 1992.

ACP-EEC Council of Ministers, *The Third ACP-EEC Convention*, Luxembourg: Office for Official Publications of the European Communities, 1985.

ACP-EEC Council of Ministers, "Agreement Amending the Fourth ACP-EC Convention of Lome", http://www.caricom.org/jsp/community_ organs/epa_ unit/Cotonou_ Agreement_ &_ Lome4_ lome4.pdf, 2020 –1 –31.

ACP-EU, The ACP-EU Culture: Towards a Viable Cultural Industry in the ACP Countries, https://www.acp-ue-culture.eu/en/about, 2021 –6 –22.

Adedeji Adebajo, "The Travails of Regional Integration in Africa", in Adedeji Adebajo eds., *The EU and Africa: From Euroafrique to Afro-Europa*, London: Hurst & Company.

African Development Bank, " African Development Bank Group unveils $10 billion Response Facility to curb COVID-19 ", https://www.afdb.org/en/news-and-events/press-releases/african-development-bank-group-unveils-10-billion-response-facility-curb-covid-19-35174, 2021 –

1 –10.

African Development Bank, "African Economic Outlook 2020 Supplement: Amid COVID-19", https://www.afdb.org/en/documents/african-economic-outlook-2020-supplement, 2020 –12 –29.

African Union Commission, Agenda 2063: First Ten-Year Implementation Plan (2014 –2023), Addis Ababa, 2015.

African Union, "Constitutive Act of the African Union", http://www.au.int/en/sites/default/files/Constitutive-Act_ EN.pdf, 2021 –5 –7.

Alfonso Medinilla, Chloe Teevan, "Beyond Good Intentions: the New EU-Africa Partnership", ECDPM, Discussion Paper, No. 267, March, 2020.

AU-EU Summit, *Investing in Youth for Accelerated Inclusive Growth and Sustainable Development*, AU-EU/Decl. 1 (V), November 2017.

AU-EU, EU-Africa Declaration on Migration and Mobility, https://africa-eu-partnership.org/sites/default/files/userfiles/20140401_ stand_ alone_ declaration_ migration.pdf, 2021 –5 –2.

AU-EU, "First Action Plan (2008 –2010)", 31 October 2007, https://africa-eu-partnership.org/sites/default/files/documents/jaes_ action_ plan_ 2008 –2010.pdf, 2021 –

2 –3.

AU-EU, "Investing in Youth for Accelerated Inclusive Growth and Sustainable Development", Declaration of African Union and European Union Summit 2017, https://www.consilium.europa.eu/media/31991/33454-pr-final_declaration_au_eu_summit.pdf, 2020 –6 –2.

AU-EU, "The Africa-EU Strategic Partnership: A Joint Africa-EU Strategy", https://africa-eu-partnership.org/sites/default/files/documents/eas2007_joint_strategy_en.pdf, 2021 –4 –3.

AU-EU, "Tripoli Declaration-3rd Africa EU Summit", https://ec.europa.eu/clima/sites/clima/files/docs/0043/tripoli_declaration_en.pdf, 2021 –4 –6.

Benjamin Fox, "EU Unveils 15bn COVID Rescue Plan, But Includes no New Money", https://www.euractiv.com/section/africa/news/eu-unveils-e15bn-covid-rescue-plan-but-includes-no-new- money, 2020 –12 –28.

CEU, *Brussels Declaration*, Brussel: Council of European Union, 2014.

Commission of European Communities, "Governance in the European Consensus on Development Towards a Harmonized Approach Within the European Union", http://

aei. pitt. edu/37806/1/COM_ (2006) _ 421 _ final. pdf, 2021 -5 -30.

Commission of the European Communities, "The EU, Africa and China: Towards Trilateral Dialogue and Cooperation", October 17, 2008, https://eur-lex. europa. eu/LexUriServ/LexUriServ. do? uri = COM: 2008: 0654: FIN: EN: PDF, 2021 -7 -12.

Council of European Union, Lisbon Declaration-EU Africa Summit, December 9, 2007, https://www. consilium. europa. eu/uedocs/cms_ Data/docs/pressdata/en/er/97494. pdf.

Council of European Union, "Africa-Council conclusions", https://www. consilium. europa. eu/media/44788/st_9265_ 2020_ init_ en. pdf, 2021 -4 -5.

Council of European Union, "Beyond Lisbon: Making the EU-Africa Strategic Partnership work", June 27, 2007, http://aei. pitt. edu/38007/1/SEC_ (2007) _ 856. pdf, 2020 -2 -5.

Council of European Union, "Council Conclusions on the Sahel Regional Action Plan 2015 - 2020", April 20, 2015, https://www. consilium. europa. eu/media/21522/st07823-en15. pdf, 2021 -6 -18.

Council of European Union, "Horn of Africa-Council Conclusions", November 14, 2011, https: //data. consilium. europa. eu/doc/document/ST% 2016858% 202011% 20INIT/EN/pdf, 2021 -4 -18.

Council of European Union, "Long-term EU Budget 2021 - 2027 and Recovery Package", https: //www. consilium. europa. eu/en/policies/the-eu-budget/long-term-eu-budget-2021-2027/, 2021 -5 -15.

Council of European Union, "The Africa-EU Strategic Partnership: A Joint Africa-EU Strategy", December 9, 2007, https: //www. consilium. europa. eu/uedocs/cms_data/docs/pressdata/en/er/97496. pdf, 2020 -3 -4.

Council of European Union, "The Africa-EU Strategic Partnership: A Joint Africa-EU Strategy", December 9, 2007, https: //www. consilium. europa. eu/uedocs/cms_data/docs/pressdata/en/er/97496. pdf, 2020 -2 -4.

Council of the EU, "Education, Youth, Culture and Sport Council", 23 -24 November 2015, https: //www. consilium. europa. eu/en/meetings/eycs/2015/11/23 - 24/, 2021 -6 -21.

Council of the European Union, Negotiating Directives for the Negotiations of Economic Partnership Agreements with the African, Caribbean and Pacific Countries and Regions, 14899/19 ADD 1, Brussels, December 2019.

Council of the European Union, "Joint Declaration by the African, Caribbean and Pacific Group of States and the European Union on the 2030 Agenda and the Sustainable Development Goals Implementation", September 24, 2019, https: //www. consilium. europa. eu/en/press/press-releases/2019/09/24/joint-declaration-by-the-african-caribbean-and-pacific-group-of-states-and-the-european-union-on-the-2030-agenda-and-the-sustainable-development-goals-implementation/, 2021 -6 -20.

Council of the European Union, "Ninth EU-China Summit Helsinki 9 September 2006: Joint Statement", 12642/06 (Presse 249), Brussels, September 11, 2006, https: //www. consilium. europa. eu/ueDocs/cms_ Data/docs/pressData/en/er/90951. pdf, 2021 -7 -11.

Council of the European Union, "The EU and Africa: Towards a Strategic Partnership", December 19, 2005, https: //ec. europa. eu/commission/presscorner/detail/en/PRES_ 05_ 367, 2020 -2 -3.

DW, "Cotonou 2.0: A Bad Trade Deal for Africa?" https: //www. dw. com/en/cotonou-20-a-bad-trade-deal-for-africa/a-57503372, 2021 -5 -6.

EC, *African Peace Facility Annual Report 2013*, Luxembourg: Publications Office of the European Union, 2014.

EC, "Partnership Agreement Between the Members of the African, Caribbean and Pacific Group of States of the One Part, and the European Community and Its Member States, of the Other Part", Official Journal of the European Communities, June 23, 2000.

EC, "Partnership Agreement: ACP-EC", Office for Official Publications of the European Communities, Luxembourg, 2006.

EC, "Second Revision of the Cotonou Agreement", Official Journal of the European Communities, Brussels, March 11, 2010.

EU Aid Explorer, https: //euaidexplorer. ec. europa. eu/content/explore/donors_ en.

EU, 3rd Africa EU-Summit 29/30 November, Tripoli, November 23 2010, https: //ec. europa. eu/commission/presscorner/detail/en/MEMO_ 10_ 604.

EU, *The EU's 2021 – 2027 Long-term Budget and Next Generation EU: Facts and Figures*, Luxembourg: Publications Office of the European Union, 2021.

EU, "African Peace Facility Evaluation-Part 2: Reviewing the Overall Implementation of the APF as an Instrument for African Efforts to Manage Conflicts on the Continent", November 2013, http: //www. africa-eu-partnership. org/sites/default/files/documents/annexes _ final_ report_ . pdf, 2021 - 4 - 10.

EU, "Africa-Europe Summit under the Aegis of the OAU and the EU Cairo, 3 - 4 April 2000", https: //ec. europa. eu/commission/presscorner/detail/en/PRES _ 00 _ 901, 2021 - 2 - 4.

EU, "Joint Statement by the Council and the Representatives of the Governments of the Member States Meeting Within the Council, the European Parliament and the Commission on European Union Development Policy: 'The European Consensus'", Official Journal of the European Union, 2006.

EU, "The Africa-EU Partnership: Two Unions, One Vision", March 26, 2014, http: //www. africa-eu-partnership. org/sites/default/files/documents/jaes_ summit_ edition2014_ en_ electronic_ final. pdf, 2021 - 4 - 7.

European Commission, Africa-EU cooperation, https: //ec. europa. eu/international-partnerships/africa-eu-cooperation_ en, 2020 - 11 - 12.

European Commission, Economic Partnership Agreements (EPAs), September 2018, https: //trade. ec. europa. eu/doclib/docs/2017/february/tradoc _ 155300. pdf, 2020 - 5 - 18.

European Commission, *EU Counter-terrorism Action Plan for the Horn of Africa and Yemen*, JOIN (2012) 24 final, August 31st, 2012.

European Commission, EU paves the way for a stronger, more ambitious partnership with Africa, March 9, 2020, https: //ec. europa. eu/international-partnerships/news/eu-paves-way-stronger-more-ambitious-partnership-africa_ en.

European Commission, Joint Communication to the European Parliament and the Council: Towards an EU strategy for international cultural relations, JOIN (2016) 29 final, Brussels, June 8, 2016, https: //eur-lex. europa. eu/legal-content/EN/TXT/PDF/? uri = CELEX: 52016JC0029&from = NL, 2020 –6 –21.

European Commission, *Partnership Agreement ACP-EC*, Luxembourg: office for Official Publication of the European Communities, 2006.

European Commission, "EU paves the way for a stronger, more ambitious partnership with Africa", https: //ec. europa. eu/commission/presscorner/detail/en/IP _20_ 373, 2020 –5 –2.

European Commission, "Sectors Data from 2007 to 2021", https: //euaidexplorer. ec. europa. eu/content/explore/sectors_ en, 2021 –6 –18.

European Commission: *Partnership Agreement, Between the Members of the African, Caribbean and Pacific Group of States of the One Part, and the European Community and Its Member States, of the Other Part*, Luxembourg: Official Journal of the European Communities, 2000.

European Economic Community, "ACP-EEC Convention of Lome", http://www.epg.acp.int/fileadmin/user_upload/LOME_I.pdf, 2020-1-2.

European Economic Community, "Convention of Association between the European Economic Community and the African and Malagasy States Associated with that Community and Annexed Documents (Yaounde Convention Ⅱ)", http://www.acp.int/node/150, 2019-11-20.

European Economic Community, "Convention of Association between the European Economic Community and the African and Malagasy States associated with that Community and Annexed Documents (Yaounde Convention I)", https://www.cvce.eu/en/obj/the_yaounde_convention_20_july_1963-en-52d35693-845a-49ae-b6f9-ddbc48276546.html, 2019-12-3.

European Economic Community, "Treaty Establishing the European Economic Community and Related Instruments (EEC Treaty)", EUROPA, http://eur-lex.europa.

eu/legal-content/EN/TXT/? uri = CELEX：11957E，2020 - 11 - 1.

European Parliament，“Report on China's Policy and Its Effects on Africa”，March 28，2008，https：//www.europarl. europa. eu/doceo/document/A-6-2008-0080 _ EN. html，2021 - 5 - 21.

European Union，The Africa-EU Partnership：Two Unions，One Vision，2014，http：//www. africa-eu-partnership. org/sites/default/files/documents/jaes _ summit _ edition2014_ en_ electronic_ final. pdf，2020 - 3 - 4.

Eurostat，“Africa-EU-international Trade in Goods Statistics”，https：//ec. europa. eu/eurostat/statistics-explained/index. php? title = Africa-EU_ -_ international_ trade_ in_ goods_ statistics，2021 - 6 - 15.

EU-AU，“Fourth EU-Africa Summit：Roadmap 2014 - 2017”，April 2 - 3，2014，https：//africa-eu-partnership. org/sites/default/files/userfiles/2014_ 04_ 01_ 4th_ eu-africa_ summit_ roadmap_ en. pdf，2021 - 6 - 19.

Geert Laporte，The AU-EU Abidjan Summit：Is there life beyond migration? ECDPM，4 December 2017，https：//ecdpm. org/talking-points/au-eu-abidjan-summit-life-beyond-migration/，2021 - 4 - 6.

Ian Manners，“The Constitutive Nature of Values，Images and

Principles in the European Union", in *Values and Principles in European Union Foreign Policy*, Edited by Sonia Lucarelli and Ian Manners, London: Routledge, 2006.

International Organization for Migration, "World Migration 2008: Managing Labour Mobility in the Evolving Global Economy", Volume 4 of IOM World Migration Report Series, Hammersmith Press, 2008.

James Shikwati "'Streicht Diese Hilfe' Interview", DER-SPIEGEL, No. 27, July 4, 2005.

Josep Borrell, "Embracing Europe's Power", February 14, 2020, https://www.neweurope.eu/article/embracing-europes-power/, 2020-6-20.

Martin Holland, *The European Union and the Third World*, New York: Palgrave, 2002.

Miriam-Lena Horn, "The EU's Africa strategy falls short", April 1, 2020, https://www.ips-journal.eu/regions/africa/article/show/the-eus-africa-strategy-falls-short-4196/, 2020-6-3.

Modern Diplomacy, "Explainer: Towards a Comprehensive Strategy with Africa", March 12, 2020, https://moderndiplomacy.eu/2020/03/12/explainer-towards-a-comprehensive-strategy-with-africa/, 2020-5-4.

Niall Duggan and Toni Haastrup, "The Security Dimension

of EU-Africa Relations", December 21, 2020, https://www.ispionline.it/en/pubblicazione/security-dimension-eu-africa-relations-28732, 2021 -4 -8.

Nicolaj Neilsen, "EU development aid to finance armies in Africa", EU Observer, https://euobserver.com/migration/134215, 2020 -6 -1.

Nicoletta Pirozzi, "EU Support to Africa Security Architecture: Funding and Training Components", *European Union Institute for Security Studies*, Occasional Paper, 2008.

Niels Keijzer, Alfonso Medinilla, "Can the EU prioritise both the African Union and the Africa, Caribbean and Pacific group?" European Think Tanks Group, November, 2017, https://ettg.eu/wp-content/uploads/2017/12/ETTG-Brief-Keijzer-Medinilla-November-2017.pdf, 2020 -5 -30.

OECD Study, "Security Issues and Development Cooperation: A Conceptual Framework for Enhancing Policy Coherence", *DAC Journal*, Vol. 2, No. 3, 2001.

Olufemi Babarinde and Stephen Wright, "Africa-EU Partnership on Trade and Regional Integration", in Jack Mangala eds., *Africa and the European Union: A Strategic Partnership*, New York: Palgrave, 2013.

Phil Hogan, Towards an Africa-Europe Trade Partnership, ECDPM Great Insights magazine, Vol. 9, Issue. 1, 2020.

P. Halland, R. Taylor, "Political Science and the Three New Institutionalisms", *Political Studies*, Vol. 44, No. 5, 1996.

Roger C. Riddell, *Foreign Aid Reconsidered*, London: James Currey, 1987.

UNCTAD, World Investment Report 2019: Special Economic Zones, https://unctad.org/system/files/official-document/wir2019_en.pdf.

Ursula von der Leyen, "Shaping Europe's digital future", Feburary 21, 2020, https://moderndiplomacy.eu/2020/02/21/shaping-europes-digital-future/, 2020 -6 -7.

Wolfgang Fengler and Homi Kharas eds., *Delivering Aid Differently: Lessons from the Field*, Washington, D. C.: The Brookings Institution, 2010.

World Bank, *Global Economic Prospects*, Washington, D. C., January 2021.

World Bank, "Projected poverty impacts of COVID-19", https://www.worldbank.org/en/topic/poverty/brief/projected-poverty-impacts-of-COVID-19, 2020 -12 -30.

ZAM Reporter, "African Intellectuals Call for Second Wave of Political Independence", https://www.zammagazine.com/perspectives/blog/981-statement-african-intellectuals-call-for-second-wave-of-political-independence, 2020 -10 -5.

赵雅婷，法学博士、政治学博士，中国社会科学院西亚非洲研究所、中国非洲研究院助理研究员。2007—2017 年就读于中国人民大学国际关系学院，分别获得法学学士、硕士与博士学位。2014 年 9 月至 2015 年 6 月受国家留学基金委资助前往比利时布鲁塞尔自由大学进行联合培养，于 2017 年 6 月获得政治学博士学位。主要研究领域为非洲国际关系、非洲发展问题，侧重中非关系、欧非关系以及国际对非援助研究。出版专著《21 世纪欧盟对非洲援助的政治导向研究》，在《教学与研究》《国际论坛》《当代世界》等期刊发表学术论文十余篇，参与多项国家社科基金项目及部委课题。